Britta Kienle

Kartenlegen
leicht erlernbar

Zigeuner-Wahrsagekarten Kompaktkurs
in vier Schritten
zum erfolgreichen Kartenlegen

Herstellung:
Books on Demand GmbH, Norderstedt

ISBN: 978-3-936568-15-8
©2008 by Britta Kienle
www.brika-verlag.de
Brigitte Kienle

Bei Interesse an Seminaren und Fernkursen –

NEU ab 2008
Online Kurs - Kartenlegen lernen mit Britta
Madame Lenormand
Kipperkarten
Zigeunerkarten
Tarot

Per Telefon oder über Skype.
Anfänger und Fortgeschrittene

Hilfestellung beim
Interpretieren und
Deuten Ihrer Kartenbilder

Persönliche Beratungen und Seminare
nach Terminabsprache
lwww.kartenlegekurse.de
Tel: 0711 316 7200

Brittas Kartenlegeforum
Lernhilfen und Lernspiele
www.kartenlegekurse.de

Sofortiges Kartenlegen
0900 57 66 20 400 – Euro 1,49/min v. d. Festnetz
ggf. abweichende Preise aus Mobilfunknetzen
Stand 2008

Autorin Britta Kienle

Liebe Leserin, lieber Leser,

das vorliegende Lehrbuch bietet Ihnen einen Leitfaden
für den professionellen Umgang mit Karten.

Jeder Mensch ist ein Individuum. Dies bedeutet unter
anderem, dass jede/r Kartenleger/in im Laufe der Zeit
sein oder ihr persönliches System entwickeln wird.

So gibt es kein allgemein gültiges Rezept, wie oder
womit
Sie Ihre Beratungen durchführen können.

Daher
kann seitens des Verlages oder der Autorin für sich
eventuell
ergebende Fehlinterpretationen oder Fehlberatungen
seitens der Leserschaft keine Verantwortung
übernommen werden.

Inhalt:

Vorwort

Das Kartenlegen ist eine seit Jahrhunderten von Generation zu Generation überlieferte Tradition, die heute aus unserem Alltag nicht mehr wegzudenken ist.
Seit vielen Generationen suchen die Menschen in den Künsten der Wahrsagerei

Rat und Hilfe für Ihr Leben.

Die Verwendung von Spielkarten als Wahrsagekarten ist bereits seit dem 13. Jahrhundert schriftlich belegt.

Eine frühe ausführliche Anleitung zum Umgang mit Wahrsagekarten findet sich im so genannten Mainzer Kartenlosbuch, einem der vielen zu dieser Zeit beliebten Bücher, die Leitsprüche (Losungen) zu jeder Karte oder Lebenslage enthielten.
Zu jener Zeit ging das Kartenlegen noch auf eine für unsere Vorstellungen einfache und unspektakuläre Weise vor sich.

Damals stellte man dem Kartenleger oder der Kartenlegerin eine konkrete Frage nach der anderen.

Für jede dieser Fragen wurde nun eine einzelne Karte gezogen, deren jeweilige Bedeutung man im Kartenlosbuch nachschlagen und auf das eigene Leben anwenden konnte.
Ganze Kartenbilder oder ähnliche Legesysteme kamen erst viel später auf und bauten das Kartenlegen zu einer wahren Kunstform aus.

Die heute so beliebten Tarotkarten sind übrigens erst seit dem 18. Jahrhundert in ihrer heutigen bekannten Form belegt.
Ihre Entwicklung beruht auf den damals aufkommenden magischen Zirkeln und Geheimbünden, wie beispielsweise der Freimaurerei.

Seit dieser Zeit haftet der Kunst des Kartenlegens auch immer etwas Magisches, Geheimnisumwittertes an.

Gegen Ende des 19. Jahrhunderts lösten neue technische Entwicklungen und wissenschaftliche Erkenntnisse, wie beispielsweise die Evolutionstheorie Charles Darwins einen regelrechten spirituellen Boom aus.
Viele Menschen fühlten sich durch die klare, wissenschaftlich geprägte Denkweise der Zeit verunsichert und von Gott und der Welt verlassen.

Gerade die Evolutionstheorie stellte die Gesellschaft der damaligen Zeit vor ein großes Problem: Seit Urzeiten hatten sie sich über eine der wichtigsten Aussagen der Bibel definiert: Gott hatte den Menschen nach seinem Ebenbild geschaffen.
Stellen Sie sich die Empörung und Verunsicherung vor, als ihnen mit einem Schlag vermittelt wurde, sie stammten in Wirklichkeit von den Affen ab.

Diese Entwicklung brachte viele Menschen dazu, ihr Heil in der Mystik zu suchen.

Séancen, spiritistische Sitzungen, Gläser- und Tischerücken; all diese Arten der Geisterbeschwörung erlebten eine wahre Hochkonjunktur.

Unterstützt von den durch die Entwicklung der Elektrizität entstandenen kleinen technischen Tricks und Spielereien kamen die alten Wahrsagekünste in diesen Tagen zu neuen Ehren.
Auch die Zigeunerkarten verbreiteten sich um diese Zeit herum in ganz Europa.
Die geheimnisvolle, undurchschaubare Atmosphäre des Zigeunerlebens gab ihnen den nötigen mystischen Touch und so begannen immer mehr Interessierte, einen Blick in die Zigeunerkarten zu werfen und zu hoffen, auf diese Art und Weise etwas über die Zukunft in Erfahrung bringen zu können.

Zudem sind die Zigeunerkarten an recht schnelle und vergleichsweise einfache Legesysteme gebunden und ermöglichen es so auch wenig geübten Kartenlegern, sich ein wenig in der Kunst der Wahrsagerei zu versuchen.

Fortgeschrittenen Kartenlegern vermögen die Zigeunerkarten bei der Erkundung der Gefühlswelt einer Person ebenfalls gute Dienste zu leisten.
Geübte Kartenleger werden in der Regel allerdings eher auf eine der ausführlicheren Kartenlegetechniken, wie etwa dem Grand Tableau der Madame Lenormand mit den dazugehörigen Kartendecks zurückgreifen, da diese ein weit umfangreicheres Abbild der jeweiligen Situation mit all ihren positiven wie negativen Entwicklungen ermöglichen.

Bei der Beantwortung weiterführender Fragen können die Zigeunerkarten jedoch auch hier hervorragend herangezogen werden.

Dies wird ein gut ausgebildeter und erfahrener Kartenleger jedoch selbst am besten abschätzen und für sich entscheiden können.
Über die mit Hilfe der Karten vermittelten Erkenntnisse werden esoterisch Interessierte Ihren Weg zu mehr Glück und Erfolg im Leben leichter finden und weitere Hinweise darauf erhalten, wie sie diesen am besten gehen können.

Wie schon in meinen Lehrbüchern zu den Lenormand-Wahrsagekarten, so möchte ich Ihnen auch hier ans Herz legen, Ihre Karten und damit auch Ihr Schicksal selbst in die Hand zu nehmen.

Bemerkung:
Wie Ihnen bekannt ist, handelte es sich beim Kartenlegen nach Art der Madame Lenormand stets um mein Hauptarbeitsgebiet.

Dennoch wurde in den vergangenen Jahren vermehrt der Wunsch an mich herangetragen, weitere Lehrmethoden und Kartensysteme in meine Kurse und Lehrbücher mit einzubeziehen.

Die Karten der Madame Lenormand, bisher mein Hauptlegesystem, hatten so viel Anklang gefunden, dass sich Kunden aus aller Welt damit beschäftigt und großes Interesse am Thema Kartenlegen entwickelt hatten.

So kam es, dass ich immer häufiger gebeten wurde, mein Repertoire zu erweitern und das Angebot an Legesystemen zu vergrößern.

Ich begann dieser Entwicklung mit einem Buch über die vielen Hobbykartenlegern wohl bekannten Kipperkarten, das ebenfalls auf ein großes Echo stieß, Rechnung zu tragen.

Mit dem vorliegenden Band möchte ich nun auch die Zigeunerkarten mit in mein Lehrsystem aufnehmen.

Auf den ersten Blick scheinen die Zigeunerkarten eine starke Ähnlichkeit mit den ebenso weit verbreiteten so genannten Kipper- Wahrsagekarten aufzuweisen.

Daher werden diese beiden Kartendecks von Hobbyesoterikern auch gerne verwechselt und vorschnell in einen gemeinsamen Topf geworfen.

Unterzieht man die Karten jedoch einer ausführlicheren Betrachtung und vergleicht ihre Aussagen ein wenig genauer, so treten die Unterschiede zwischen den beiden Legemethoden sehr schnell und unmissverständlich zu Tage.
Tatsächlich haben sie auch in ihrer Entwicklung relativ wenig miteinander zu tun.

Die Gemeinsamkeiten dieser Decks sind schnell abgeklärt.
Sowohl die Kipper- als auch die Zigeunerkarten bestehen aus einem Set mit 36 Karten.

Sie enthalten recht eindeutige Bilder und die dazugehörigen Kartenbezeichnungen sind direkt auf der Karte abgebildet.

Auch die Karten an sich scheinen sich zu ähneln. So enthalten beide Sets Karten wie Mann, Frau, Kind, Geld, Dieb und Ähnliches.

Dies ist jedoch nicht weiter verwunderlich, da Personen- und Themenkarten in nahezu jedem Kartendeck enthalten sind, das sich auch nur im Entferntesten zum Wahrsagen eignet.

Auch das Set nach Art der Madame Lenormand enthält entsprechende Karten.

In diesem Fall gleicht die Karte *Nr. 34 Fische* der Karte, die in den Zigeunerkarten mit der Bezeichnung „Geld" belegt ist.

Analog dazu entspricht die Karte *Nr. 14 Fuchs* in etwa der Diebes- oder Falschheitskarte des Zigeunerkartendecks.

Diese scheinbaren Übereinstimmungen sind allerdings nur oberflächlicher Natur.
In der weiteren, tiefer gehenden Bedeutung weichen die Zigeuner- und Kipperkarten zum Teil sogar erheblich voneinander ab.

Auch die in Verbindung mit diesen Karten üblicherweise angewandten Legesysteme gleichen sich nicht.

Zigeunerkarten weisen eine Anzahl von Besonderheiten auf, die sie für die Deutung gewisser Themenbereiche eher geeignet machen als die Kipperkarten.

So verfügen Zigeunerkarten im Gegensatz zu anderen üblichen Sets über eine außergewöhnlich hohe Anzahl an Personenkarten.

Finden sich bei Madame Lenormand lediglich sechs Personenkarten im Deck, haben Sie im Gegensatz dazu bei den Zigeunerkarten gleich zwölf davon zur Verfügung.

Vor Beginn jeder Auslegung wird die jeweilige Personen- oder Themenkarte aus dem Zigeunerkartenset herausgesucht und offen auf den Tisch gelegt.
Die weiteren Karten werden erst dann gemischt und darum herum ausgelegt.

Zudem sind die Legesysteme der Zigeunerkarten vergleichsweise einfach und schnell zu interpretieren.

In den meisten Fällen werden jeweils nur wenige Karten in Verbindung miteinander gedeutet.
Wie bereits eingangs erwähnt stellt diese Legeweise einen großen Vorteil für jeden Anfänger auf dem Gebiet der Kartomantie dar.

Unabhängig von Ihrer bisherigen Erfahrung in der Kunst des Kartenlegens werden Sie den Umgang mit den Zigeunerkarten mit Hilfe des vorliegenden Bandes im Handumdrehen erlernen und alsbald in der Lage sein, konkrete Fragen zu einer Situation zu beantworten.

Ich wünsche Ihnen nun viel Spaß mit dem vorliegenden Lehrwerk!

Ihre Britta

Erster Schritt

Die 36 Zigeunerkarten und ihre Bedeutungen

Die Beständigkeit
Zeitkarte / Zukunftskarte

Allgemeine Bedeutung:
Dauer, Stabilität, Zukunft

Zeitkarte:
Von langer Dauer, stabile Phase, mindestens bis Jahresende

Zukunftskarte:
Diese Karte weist allgemein auf die Zukunft hin

In Bezug auf
- Liebe:
Stabilität in einer Beziehung;
Bei Alleinstehenden auch: Fortbestehen der augenblicklichen Situation

- Finanzen:
Stabile finanzielle Lage

- Beruf:
Ausdauer und Stabilität sind gefragt

Zusätzliche Information:
Absolute Glückskarte, das Ja im Kartenbild bei eventuell gestellten Fragen

Besuch
Zeitkarte

Allgemeine Bedeutung:
Ein Besuch, angesagt oder auch überraschend; Ein Geschenk,
Angebot oder Ereignis

Zeitkarte:
Frühjahr

In Bezug auf
- Liebe:
Gespräche, gemeinsame Unternehmungen oder mehr
miteinander verbrachte Zeit

- Finanzen:
Finanzielle Ereignisse oder Angebote, die jedoch wohl überlegt
und durchdacht sein wollen

- Beruf:
Kontakte im Kollegium, Gespräche über den Arbeitsplatz,
gemeinsame Unternehmungen mit den Kollegen, eventuell
auch eine Betriebsfeier oder ein Betriebsausflug

Zusätzliche Information:
Bitte bedenken Sie bei dieser Karte, dass ein Besuch oder
Kontakt nicht unbedingt in freudiger Hinsicht zu deuten ist.
Hier dringt eventuell jemand uneingeladen in unsere
Privatsphäre ein.

Botschaft

Allgemeine Bedeutung:
Nachricht, Mitteilung, Information, Kommunikation

In Bezug auf
- Liebe:
Eine Information oder Mitteilung vom oder auch über den Partner

- Finanzen:
Kontoauszüge, Rechnungen oder auch die Finanzen an sich sollten noch einmal überprüft werden.
Neue Informationen könnten sich ergeben, bisher Übersehenes dadurch ans Tageslicht kommen

- Beruf:
Berufliche Weiterbildung;
Nehmen Sie neue Informationen wahr und gehen Sie allem nach, was Sie über Ihr berufliches Vorankommen in Erfahrung bringen können.

Zusätzliche Information:
Die positive oder negative Natur der jeweiligen Botschaft, Erkenntnis oder Information ergibt sich aus den weiteren Karten.

Brief

Allgemeine Bedeutung:
Schriftliche Mitteilung, schriftlicher Kontakt, E-Mail, SMS, Fax

In Bezug auf
- Liebe:
Ein Liebesbrief,
Ein Telefongespräch mit dem Partner oder einer anderen geliebten Person

- Finanzen:
Abrechnungen, Rechnungen und Belege, Steuerunterlagen, Verträge

- Beruf:
Arbeitspapiere, Schriftstücke, Akten, Geschäftsbriefe;
Eventuell auch Arbeitsverträge oder Kündigungsschreiben

Zusätzliche Information:
Dieser Karte liegt allgemein eine positive Bedeutung zugrunde.
Zunächst negativ erscheinende Themen könnten mit Hilfe
von klärenden Gesprächen letzten Endes doch noch
eine positive Wendung nehmen.

Dieb
Personenkarte / Warnkarte

Allgemeine Bedeutung:
Warnung vor einer negativen Person; Verluste, Schaden

In Bezug auf
- Liebe:
Unehrlichkeit sich selbst oder dem Partner gegenüber;
Kümmern Sie sich um Ihre Partnerschaft!

- Finanzen:
Warnung vor Betrug, Diebstahl, finanziellen Verlusten
Auch: Angst vor Geldverlust, Existenzangst

- Beruf:
Verlust des Arbeitsplatzes oder eines Kunden, geschäftlicher
Rückgang

Zusätzliche Information:
Diese Karte muss nicht immer in Bezug auf eine weitere Person
gedeutet werden. Durch Stress, eine negative Einstellung oder
selbstzerstörerische Gedanken oder Handlungsweisen schaden
wir uns oftmals selbst am meisten.

Eifersucht

Allgemeine Bedeutung:
Neid und Eifersucht, Missgunst, Zweifel

In Bezug auf
- Liebe:
Eifersucht in der Partnerschaft, eifersüchtiger Partner

- Finanzen:
Neid, man wird um sein Geld beneidet, oder gönnt anderen
ihren Reichtum nicht

- Beruf:
Eifersucht und Missgunst am Arbeitsplatz, Mobbing,
Intrigen, Hinterhältigkeit

Zusätzliche Information:
Die Eifersuchtskarte weist allgemein auf Verlustängste
und Unsicherheit hin.
Daher ist sie auch häufig Ausdruck eines geringen
Selbstbewusstseins.

Etwas Geld

Allgemeine Bedeutung:
Kleinere Erfolge, kleinere Gewinne, Anerkennung, Harmonie

In Bezug auf
- Liebe:
Eine stabile und zufrieden stellende Beziehung, kleinere Freuden in der Liebe

- Finanzen:
Kleinere Geldbeträge

- Beruf:
Anerkennung, kleinere Erfolge, Gehaltserhöhung

Zusätzliche Information:
Diese Karte muss sich nicht zwangsläufig auf finanzielle Themenbereiche beziehen.
Je nach Aussage der umliegenden Karten drückt sie kleinere Freuden in Erfolge auf fast allen Gebieten des täglichen Lebens aus.
Hierbei handelt es sich indes stets um Ereignisse kleineren Ausmaßes.
Daher wird sie auch oft in der Bedeutung „ein wenig", „ein bisschen" interpretiert.

Falschheit
Warnkarte

Allgemeine Bedeutung:
Falschheit, Hinterhältigkeit, jemand wird hintergangen,
Vorspielen falscher Tatsachen

In Bezug auf
- Liebe:
Unehrlichkeit, Falschheit in der Beziehung. Man wird hinter-
gangen und ausgenutzt

- Finanzen:
Vorsicht! Rechnungen, Kontoauszüge etc. sollten noch einmal
genauer überprüft werden!
Achtung! Man wird eventuell finanziell ausgenutzt!

- Beruf:
Unzufriedenheit, Hinterhältigkeiten und Unehrlichkeit am
Arbeitsplatz:
Gegebenenfalls sollte man sich nach einer neuen Stelle
umsehen!

Zusätzliche Information:
Die Karte zeigt an, dass etwas in der Umgebung nicht stimmt,
oder man mit einer Person (eventuell auch mit sich selbst) nicht
im Reinen ist.
Die Lage sollte noch einmal genau überdacht werden!

Feind
Personenkarte / Warnkarte

Allgemeine Bedeutung:
Negative Person

In Bezug auf
- Liebe:
Lieblose Phase in einer Beziehung, Ungeliebtheit, Einsamkeit,
Liebeskummer, unter Umständen auch Nebenbuhler/in

- Finanzen:
Finanzielle Schwierigkeiten, prekäre finanzielle Situation

- Beruf:
Vorsicht am Arbeitsplatz! Schwierigkeiten liegen in der Luft,
Das Verhältnis im Kollegenkreis ist gestört

Zusätzliche Information:
Wie schon die Karte „Dieb", so muss sich auch diese Karte
nicht unbedingt auf eine andere Person beziehen.
Oftmals stehen wir uns bei der Erfüllung unserer Wünsche auch
selbst im Weg, oder bauen uns – geleitet von Ängsten oder
Bitterkeit – selbst Hindernisse, die uns am Fortkommen
hindern!

Fröhlichkeit

Allgemeine Bedeutung:
Spaß, Fröhlichkeit, Freude, ausgelassene Stimmung.
Einladung, Festlichkeit, Geselligkeit

In Bezug auf
- Liebe:
Fröhliche gemeinsame Unternehmungen, Freundschaften,
Harmonie

- Finanzen:
Finanzielle Erfolge, Guter Zeitpunkt für Neuanschaffungen

- Beruf:
Gutes berufliches Vorankommen, Freude am Beruf, Spaß
und gelöste Stimmung im Kollegenkreis

Zusätzliche Information:
Einige Kartenleger deuten diese Karte auch als Personenkarte. Hierbei kann es sich um eine extrovertierte,
fröhliche Person handeln, die sich gerne mit vielen
Menschen umgibt.

Gedanken
Personenkarte

Allgemeine Bedeutung:
Gedanken, Überlegungen, Bildung
Als Personenkarte auch: jüngerer Mann, Sohn, Bruder

In Bezug auf
- Liebe:
Gedanken an den Partner; unter Umständen weist diese Karte auch darauf hin, dass man sich vermehrt Gedanken über seine Partnerschaft machen sollte

- Finanzen:
Finanzielle Schwierigkeiten, prekäre finanzielle Situation, Geldangelegenheiten sollten noch einmal überdacht werden

- Beruf:
Vorsicht am Arbeitsplatz! Schwierigkeiten liegen in der Luft;
Bitte nichts überstürzen und nur nach reiflicher Überlegung handeln!

Zusätzliche Information:
Diese Karte kann auch davor warnen, sich allzu sehr in Grübeleien zu verlieren und dadurch auf Dauer zu vereinsamen.

Geistlicher
Personenkarte / Zeitkarte

Allgemeine Bedeutung:
Spiritualität, geistige Ebene, Geistlicher oder spirituell
begabter Mensch

Zeitkarte:
Winter

In Bezug auf
- Liebe:
Erfüllung in der Partnerschaft, geistige Anregung,
Tiefe, emotionale und spirituelle Beziehung,
Seelenverwandtschaft

- Finanzen:
Auf die innere Stimme hören, in Geldangelegenheiten
der Eingebung folgen

- Beruf:
Berufliche Erfüllung, geistliche, spirituelle oder esoterische
Berufe

Zusätzliche Information:
In Verbindung mit der Karte „Heirat" kann diese Karte auf
eine kirchliche Trauung hinweisen, ansonsten bleibt sie
eher allgemein und bezieht sich auf das Geistige, Spirituelle
an sich.

Geld

Allgemeine Bedeutung:
Besitz, materieller Reichtum, Wohlstand, Menge

In Bezug auf
- Liebe:
Bereicherung in der Partnerschaft, wohlhabender Partner

- Finanzen:
Wohlstand, viel Geld, erfreuliche finanzielle Entwicklung

- Beruf:
Gehaltserhöhung, Beförderung oder bessere Arbeitsstelle, lukratives Angebot

Zusätzliche Information:
Die Karte wird generell positiv gedeutet;
Mit ihr in Verbindung gebrachte Themen nehmen eine positive Wendung.
Es braucht sich auch nicht unbedingt um materiellen Reichtum zu handeln: Auch innerer Reichtum kann mit dieser Karte gemeint sein

Geliebte
Personenkarte

Allgemeine Bedeutung:
Weibliche Hauptperson, Fragestellerin, Partnerin eines männlichen Fragestellers

In Bezug auf
- *Liebe:*

Bezieht sich die Karte auf die eigene Person (weibliche Fragestellerin):
Die eigene Position, Situation innerhalb der Partnerschaft oder in Liebesangelegenheiten allgemein.

Bei einem männlichen Fragesteller:
Die Partnerin, die Position oder Situation der Partnerin

Zusätzliche Information:
Lebt der Fragesteller oder die Fragestellerin in einer homosexuellen Partnerschaft, so ändert sich an der eigenen Karte nichts.
Ein Mann wird sich selbst immer in der Karte „Geliebter" finden, eine Frau in der Karte „Geliebte".
Die jeweils andere Karte bezieht sich auf den Partner oder die Partnerin, ungeachtet des tatsächlichen Geschlechtes!

Geliebter
Personenkarte

Allgemeine Bedeutung:
Männliche Hauptperson, Fragesteller, Partner einer weiblichen Fragestellerin

In Bezug auf
- *Liebe:*

Bezieht sich die Karte auf die eigene Person (männlicher Fragesteller):
Die eigene Position, Situation innerhalb der Partnerschaft oder in Liebesangelegenheiten allgemein.

Bei einer weiblichen Fragestellerin:
Der Partner, die Position oder Situation des Partners

Zusätzliche Information:
Lebt der Fragesteller oder die Fragestellerin in einer homosexuellen Partnerschaft, so ändert sich an der eigenen Karte nichts.
Ein Mann wird sich selbst immer in der Karte „Geliebter" finden, eine Frau in der Karte „Geliebte".
Die jeweils andere Karte bezieht sich auf den Partner oder die Partnerin, ungeachtet des tatsächlichen Geschlechtes!

Geschenk

Allgemeine Bedeutung:
Geschenk, positive Entwicklung, Überraschung, Angebot

In Bezug auf
- Liebe:
Geschenke für den oder vom Partner, positive Entwicklung innerhalb der Partnerschaft, glückliche Zeit, neue Beziehung in Sicht

- Finanzen:
positive finanzielle Entwicklung, unerwartetes Angebot

- Beruf:
Zufriedenheit und Erfüllung am Arbeitsplatz, Stellenangebot, die Arbeit geht Ihnen leicht von der Hand

Zusätzliche Information:
Auch diese Karte muss nicht zwangsläufig eine materielle Bedeutung haben.
Ein freundliches Lächeln oder ein tröstendes Wort zur echten Zeit können ein ebenso großes Geschenk darstellen.
Zudem mildert die Karte „Geschenk" negative Karten ein wenig ab.
Was uns auf den ersten Blick wie eine Katastrophe erscheinen mag, kann sich auf längere Sicht als eine unerwartete Chance entpuppen.

Glück
Zeitkarte

Allgemeine Bedeutung:
Glück, Freude und Zufriedenheit; Guter Ausgang,
Abschwächung negativer Karten

Zeitkarte:
Bald, schnell, innerhalb der nächsten Stunden, Tage oder
Wochen

In Bezug auf
- Liebe:
Ideale Partnerschaft, großes Glück in der Liebe, frische
Verliebtheit oder neue Partnerschaft am Horizont

- Finanzen:
Glück in Geldangelegenheiten, finanzielle Pläne stehen unter
einem guten Stern

- Beruf:
Glückliche berufliche Phase, Beförderung, Aufstieg,
Übertragung neuer, verantwortungsvoller Aufgaben, Gewinn
neuer Kunden, gute Geschäfte

Zusätzliche Information:
Die Glückskarte ist die positivste Karte im Deck!
Sie gibt allen umliegenden Karten eine erfreuliche Bedeutung.

Haus
Personenkarte

Allgemeine Bedeutung:
Haus, Heim, Wohnung, Familie, Abstammung, Stabilität, Grundlage, stabile Persönlichkeit, starke und in sich gefestigte Person

In Bezug auf
- Liebe:
Sichere, gefestigte, in sich ruhende Partnerschaft

- Finanzen:
Sich nicht auf finanzielle Abenteuer einlassen, stabile finanzielle Grundlagen suchen und halten

- Beruf:
Keine halbseidenen Abenteuer wagen, ein gesicherter, gefestigter Arbeitsplatz wäre vorzuziehen

Zusätzliche Information:
Ein Haus mit seinen stabilen Fundamenten und undurchdringbaren Wänden bietet uns Sicherheit und Schutz, Wärme und Geborgenheit in unserem Leben. Wie auch in Träumen, so können wir mit diesem Haus auch selbst gemeint sein.
Das Dach bezöge sich dann auf unsere Gedanken, der Keller auf das Unterbewusstsein, die Räume auf die verschiedenen Facetten und Talente, die unsere Persönlichkeit ausmachen.

Heirat

Allgemeine Bedeutung:
Partnerschaft, Freundschaft, Vertrag, Verbindung

In Bezug auf
- Liebe:
feste Partnerschaft, Verbindung;
Für Alleinstehende eventuell auch Verbindung mit neuem Partner

- Finanzen:
Finanzielle Verbindungen, Verträge

- Beruf:
Geschäftsverbindungen, Teamarbeit, Arbeits- oder Liefervertrag

Zusätzliche Information:
Diese Karte ist nur sehr selten wörtlich zu nehmen.
Allenfalls in Verbindung mit den Karten „Geistlicher" oder „Geliebter"/ „Geliebte" / „Liebe" könnte man sie tatsächlich als Hochzeit deuten.
Ansonsten zeigt sie Verbindungen und Bindungen jeglicher Art.
Auch das Gefühl, an etwas gebunden, oder mit einer Sache verhaftet zu sein kann durch die Heirat ausgedrückt werden.

Hoffnung
Personenkarte

Allgemeine Bedeutung:
Hoffung, Sehnsüchte, Möglichkeiten, Wünsche, positiv eingestellte oder hoffnungsvolle Frau

In Bezug auf
- Liebe:
Neue Chancen in der Partnerschaft, Hoffung auf Liebe

- Finanzen:
Nicht verzweifeln. Lassen Sie sich stattdessen finanzielle Angebote zukommen und überprüfen Sie diese; Chance auf finanzielle Verbesserung

- Beruf:
Berufliche Chance, mögliche Verbesserung am Arbeitsplatz, Aufstiegsmöglichkeit

Zusätzliche Information:
In Kombination mit der Karte „Kind" kann die Hoffnungskarte auch eine Schwangerschaft anzeigen.
Das auf der Karte abgebildete Schiff, das sich mit geblähten Segeln auf seinen Weg über den Ozean macht, zeigt ebenfalls den Aufbruch hin zu neuen Ufern, oder auch ganz einfach eine weite Reise (eventuell über das Wasser) an.

Kind
Personenkarte

Allgemeine Bedeutung:
Kind, junge Person, Neubeginn; unreife, naive, kindliche Persönlichkeit

In Bezug auf
- Liebe:
Neuanfang in der Partnerschaft, neuer Partner, neue Chance; Arglosigkeit und vielleicht auch allzu große Gutgläubigkeit innerhalb der Partnerschaft

- Finanzen:
Finanzieller Neuanfang, alte Schulden und Belastungen hinter sich lassen; Werden Sie kritischer und professioneller im Ungang mit Geld!

- Beruf:
Beruflicher Neuanfang, Arbeitsplatzwechsel, Warnung vor Naiviät in geschäftlicher Hinsicht. Lassen Sie sich nicht über den Tisch ziehen.

Zusätzliche Information:
Obwohl es sich bei dem Kind in erster Linie um eine Personenkarte handelt, bezieht sie sich in vielen Situationen eher auf den kindlichen, zuweilen etwas blauäugigen Charakter eines Menschen. Sie regt zur Einnahme eines kritischeren Blickwinkels und einem erwachseneren Umgang mit den Dingen an.

Krankheit
Zeitkarte

Allgemeine Bedeutung:
Krankheit, Belastung, krank machende Situation, seelische Probleme, Depressionen, Suchtgefahr

Zeitkarte:
innerhalb eines Jahres

In Bezug auf
- Liebe:
kränkelnde Beziehung, belastende Entwicklung innerhalb der Partnerschaft, Liebeskummer, Sehnsucht nach Liebe

- Finanzen:
Belastende finanzielle Lage, Geldangelegenheiten sollten überprüft werden.

- Beruf:
Mobbing, belastende Situation am Arbeitsplatz, berufliche Unzufriedenheit, kränkelnde Geschäfte

Zusätzliche Information:
Die Krankheitskarte kann sich sowohl auf eine rein körperliche, als auch auf eine kränkelnde oder krank machende, seelisch belastende Situation beziehen.
Beachten Sie hierbei stets die weiteren Karten und versuchen Sie, einen Zusammenhang zwischen den Themen zu erkennen!

Liebe

Allgemeine Bedeutung:
Liebe, Herzlichkeit, Freundlichkeit, Liebreiz, liebevolle Gefühle

In Bezug auf

- Finanzen:
Liebe zum Geld, gute Geldanlage

- Beruf:
Liebe zum Beruf, Liebe am Arbeitsplatz, Freude an der Arbeit;
Man hängt an dem, das man tut.

Zusätzliche Information:
Die Liebeskarte kann auf ein breites Themenspektrum hin
gedeutet werden. Sie zeigt an, was uns am Herzen liegt.
Diese Karte wird durchweg mit positiven, herzlichen Gefühlen in
Verbindung gebracht.
In Kombination mit einer Krankheit kann sie sich allerdings auch
sehr wörtlich auf das Herz-Kreislaufsystem beziehen, oder aber
Herzschmerz im übertragenen Sinn aufzeigen.

Offizier
Personenkarte / Zeitkarte

Allgemeine Bedeutung:
Arbeit, Beruf, Schule, Ausbildung, Amtsperson, Machtgehabe
heimlicher Geliebter, einflussreiche Persönlichkeit, Dominanz,

Zeitkarte:
innerhalb von 2-3 Jahren

In Bezug auf
- Liebe:
Heimlicher Geliebter, dominanter Partner, starker Einfluss auf
die Beziehung

- Finanzen:
Finanzamt, Beamter, Steuerberater, Steuern, amtliche Verord-
nungen, Kreditinstitut, Bank

- Beruf:
Beamter, Vorgesetzter, Geschäftsführer, dominanter Kollege
oder durchsetzungsfreudige Kollegin

Zusätzliche Information:
Die Offizierskarte ist in erster Linie eine Personenkarte, die sich
auf Vorgesetzte und Amtspersonen jeglicher Art bezieht.
Zudem kann sie einen dominanten, machtgierigen oder auch
bürokratischen Charakter enthüllen.

Reise

Allgemeine Bedeutung:
Bewegung, Reise, Fahrt, etwas kommt ins Rollen, Geschwindigkeit, Vorankommen, Entwicklung nach Vorne

In Bezug auf
- Liebe:
Fahrt zum oder mit dem Partner, Vorankommen und Weiterentwicklung innerhalb einer Beziehung, Entstehen einer neuen Partnerschaft

- Finanzen:
Reisekosten, finanzielle Entwicklung

- Beruf:
Berufliche Entwicklung, geschäftliches Vorankommen, Dienstreise

Zusätzliche Information:
Die Reisekarte kann sowohl wörtlich genommen, als auch in ihrer Bedeutung „Bewegung" interpretiert werden.
Eine Sache kommt ins Rollen, setzt sich in Bewegung und nähert sich unaufhaltsam neuen Zielen.

Richter
Personenkarte

Allgemeine Bedeutung:
Gerechtigkeit, Fairness, Gericht, gerechte Person, Anwalt,
Jurist, Notar, Richter

In Bezug auf
- Liebe:
Füreinander einstehen, sich gegenseitig helfen, Gerechtigkeit
und Fairness innerhalb der Partnerschaft

- Finanzen:
Verträge, Steuerberater, Notar, Vertragsbedingungen sollten
überprüft werden, eventuell auch Hinweis auf eine Klage

- Beruf:
Richter, Notar, Gerichtsboten usw., Berufsgericht, gerechter
Vorgesetzter

Zusätzliche Information:
Diese Karte kann eine zunächst unangenehm erscheinende
Lage durchaus abmildern, indem sie betont, dass allen
Beteiligten in dieser Angelegenheit letzten Endes doch
Gerechtigkeit widerfahren wird.

Sehnsucht

Allgemeine Bedeutung:
Sehnsüchte, Wünsche, Seele, Träume

In Bezug auf
- Liebe:
Sehnsucht nach Liebe, Liebeskummer, unerfüllte Wünsche und Hoffnungen in einer Liebesbeziehung

- Finanzen:
hochgesteckte finanzielle Ziele, kostspielige Wünsche

- Beruf:
Sehnsucht nach beruflicher Veränderung

Zusätzliche Information:
Die Sehnsuchtskarte zeigt uns nicht nur die Dinge auf, nach welchen wir verlangen, sie betont auch die Notwendigkeit, sich der wahren Natur unserer tiefsten Wünsche und Sehnsüchte bewusst zu werden.
Nur wer weiß, was er im tiefsten Inneren eigentlich erreichen möchte, kann sich aufmachen, diese Träume auch zu verwirklichen.

Tod

Allgemeine Bedeutung:
Neubeginn, etwas geht zu Ende, man hat mit etwas
abgeschlossen

In Bezug auf
- Liebe:
Ende einer Partnerschaft, Neuorientierung, emotionale
Loslösung vom Partner, der Partner oder die Partnerin ist für
einen gestorben

- Finanzen:
Finanzielle Verluste drohen

- Beruf:
Möglicher Verlust des Arbeitsplatzes, Kündigung, Insolvenz,
Ruhestand, berufliche Neuorientierung

Zusätzliche Information:
Die Todeskarte wird oft vorschnell als negative Karte an-
gesehen.
Tatsächlich kann sie aber auch positiver Natur sein: Man hat
mit einer Sache ein für alle Mal abgeschlossen.

Traurigkeit
Personenkarte / Zeitkarte

Allgemeine Bedeutung:
Schmerz, Kummer, Bedrücktheit, Trauerphase; Gefühle, die verarbeitet werden müssen; jüngere Frau (immer jünger als der Fragesteller)

Zeitkarte:
Herbst

In Bezug auf
- Liebe:
Liebeskummer, Trauerphase am Ende einer Beziehung, Verarbeitung einer Trennung, Gefühl der Ungeliebtheit

- Finanzen:
Verzicht, ungünstige finanzielle Phase, Aufgabe kostenintensiver Träume

- Beruf:
Ungeliebte, nicht erfüllende Tätigkeit, gedrückte und depressive Stimmung am Arbeitsplatz

Zusätzliche Information:
Die Traurigkeit bezieht sich zumeist auf die so genannte Trauerphase; den Zeitraum, welchen wir benötigen, um über einen Verlust hinwegzukommen, und den wir unserer Seele gönnen sollten, anstatt uns mit aller Macht zusammen zu reißen.

Treue

Allgemeine Bedeutung:
Verlässlichkeit, Treue, Freundschaft, Solidarität

In Bezug auf
- Liebe:
Tiefe Treue und Verbundenheit, absolut zuverlässiger Partner, Sicherheit, treue und innige Freundschaft

- Finanzen:
Feste, sichere Geldanlage, kleine aber regelmäßige Beträge, Sicherheit, zuverlässige Abwicklung von Zahlungen

- Beruf:
Stammkundschaft, berufliche Sicherheit, treue Kollegen, fester Halt in der Arbeit

Zusätzliche Information:
In den meisten Fällen ist die Treue durchweg positiv zu verstehen. Sie steht für Kameradschaft, tiefe Verbundenheit und uneingeschränkte Solidarität. Auf Angelegenheiten oder Personen, die in diesem Zusammenhang gedeutet werden, kann man sich zu einhundert Prozent verlassen.
Indes schwingt in Ausnahmefällen auch eine weniger angenehme Bedeutung mit: Zuweilen haben wir nämlich das Gefühl, von der einen oder anderen unerfreulichen Situation geradezu verfolgt zu werden, wie von einem treuen Hund.

Unglück
Warnkarte

Allgemeine Bedeutung:
Warnung vor unglücklicher Entwicklung, Belastungen, Schwierigkeiten

In Bezug auf
- Liebe:
Warnung vor Verlust der Partnerschaft oder des Partners!

- Finanzen:
Vorsicht! Finanziell drohen Verluste!

- Beruf:
Möglicher Verlust des Arbeitsplatzes, Abmahnung, Kündigung, Unglückliche Entwicklung am Arbeitsplatz, Fehler können sich unangenehm auswirken

Zusätzliche Information:
Die Unglückskarte soll uns weniger er- als aufschrecken. Anstatt uns zu entmutigen und uns das Gefühl zu geben, es habe ja ohnehin alles keinen Sinn, soll sie uns anregen, vermehrt auf uns und unsere Taten zu achten, so dass es erst gar nicht zum Entstehen unliebsamer Auswirkungen kommt.

Unverhoffte Freude
Zeitkarte

Allgemeine Bedeutung:
Ein unerwartetes freudiges Ereignis, Lob, Anerkennung,
angenehme Überraschung, Freude, Kraft,

Zeitkarte:
Sommer, sehr schnell; auch: überraschend, unerwartet

In Bezug auf
- Liebe:
Freudige Überraschung in der Liebe, unerwarteter Freundschafts-
oder Liebesbeweis, Zuneigung

- Finanzen:
Unerwarteter Zugewinn; Geld, mit dem Sie im Grunde nicht
mehr gerechnet haben

- Beruf:
Anerkennung am Arbeitsplatz, Beförderung, Lohnerhöhung

Zusätzliche Information:
Auf den ersten Blick scheint diese Karte der Karte „Geschenk"
zu gleichen, jedoch ist sie sehr viel erfreulicher in ihrer
Bedeutung.
Ein Während ein Geschenk durchaus negativen Inhalts sein
kann, handelt es sich bei der unverhofften Freude in jedem Fall
um eine freudige Überraschung.

Verdruss

Allgemeine Bedeutung:
Streit, Ärger, unangenehme Angelegenheiten, Missverständnisse, Hindernisse auf dem Weg

In Bezug auf
- Liebe:
Schlechte Stimmung, schwierige Phase einer Beziehung, Streit mit dem Partner

- Finanzen:
Unerfreuliche finanzielle Entwicklung, schlechter Kontostand, Schulden, Zeit der Einschränkungen

- Beruf:
Gedrückte Stimmung am Arbeitsplatz, Ärger mit Kollegen, die erwartete Beförderung oder ein Auftrag bleibt aus

Zusätzliche Information:
Wer diese Karte zieht oder aufdeckt, sollte sich in erster Linie Gedanken über seinen allgemeinen Gemütszustand und die grundsätzliche Einstellung dem Leben gegenüber machen. Womöglich findet sich hier bereits ein Ansatz, die Sachlage erheblich zu verbessern.

Verlust
Warnkarte

Allgemeine Bedeutung:
Drohende Verluste, Verlustgefühl oder –Angst, Schwierigkeiten, Sorgen, Ärger; In der Hauptsache handelt es sich hier um eine eher schlechte Karte, die mit vielen Beschwerlichkeiten in Verbindung steht.

In Bezug auf
- Liebe:
Vorsicht! Kümmern Sie sich um Ihre Partnerschaft!
Sie laufen sonst Gefahr, Ihren Partner zu verlieren

- Finanzen:
Finanzielle Verluste drohen, Schulden, möglicher Geldverlust, Geldgeschäfte daher nur mit größter Vorsicht tätigen!

- Beruf:
Großer Ärger am Arbeitsplatz! Verlust eines Auftrages, eines wichtigen Kunden oder gar der Arbeitsstelle droht!

Zusätzliche Information:
Alle in Verbindung mit dieser Karte gedeuteten Themen sollten mit größter Umsicht und nur nach reiflicher Überlegung behandelt werden!

Witwe
Personenkarte

Allgemeine Bedeutung:
Ältere Dame, alleinstehende Dame (verwitwet oder geschieden), Mutter, Tante, Großmutter, Respektsperson, Alleinsein, Einsamkeit, Abgeschiedenheit, fehlende Unterstützung

In Bezug auf
- Liebe:
Einsamkeit, ein Zeitraum ohne Partner, Singledasein

- Finanzen:
Eigenständige finanzielle Entscheidungen, Kein finanzieller Rückhalt, Geldangelegenheiten müssen ohne die Hilfe eines Beraters oder Partners entschieden und getätigt werden.

- Beruf:
Einsamkeit am Arbeitsplatz, Entscheidungen müssen im Alleingang getroffen werden; Zeitraum ohne die Unterstützung von Kollegen, Vorgesetzten oder Geschäftspartnern; Selbständigkeit

Zusätzliche Information:
Bei der Witwe oder auch dem Witwer muss es sich nicht zwangsläufig um eine alleinstehende Person handeln. Das Gefühl der Einsamkeit und Isolation kann einen Menschen auch innerhalb einer bestehenden Partnerschaft oder Ehe beschleichen.

Witwer
Personenkarte

Allgemeine Bedeutung:
Älterer Herr, alleinstehender Mann (verwitwet oder geschieden),
Vater, Onkel, Großvater, Respektsperson, Alleinsein, Einsam-
keit, Abgeschiedenheit, fehlende Unterstützung

In Bezug auf
- Liebe:
Einsamkeit, ein Zeitraum ohne Partnerin, Singledasein

- Finanzen:
Eigenständige finanzielle Entscheidungen, Kein finanzieller
Rückhalt, Geldangelegenheiten müssen ohne die Hilfe eines
Beraters oder Partners entschieden und getätigt werden.

- Beruf:
Einsamkeit am Arbeitsplatz, Entscheidungen müssen im
Alleingang getroffen werden; Zeitraum ohne die Unterstützung
von Kollegen, Vorgesetzten oder Geschäftspartnern;
Selbständigkeit

Zusätzliche Information:
Bei der Witwe oder auch dem Witwer muss es sich nicht
zwangsläufig um eine alleinstehende Person handeln. Das
Gefühl der Einsamkeit und Isolation kann einen Menschen auch
innerhalb einer bestehenden Partnerschaft oder Ehe
beschleichen.

Die Zigeunerkarten
In vier Schritten zum erfolgreichen Kartenlegen

Die Wahrsagerei unter Zuhilfenahme der Zigeunerkarten ist eine uralte Tradition, die unter anderem aufgrund der Tatsache, dass das fahrende Volk lange Zeit der Schrift unkundig war, über viele Generationen hinweg nur mündlich weitergegeben wurde.

So viele unterschiedliche Kartendecks überliefert sind, so wenig Aufzeichnungen existieren zum Umgang mit diesen Karten.

Im Gegensatz zum Legesystem der Madame Lenormand, oder den ebenfalls weit verbreiteten Tarotkarten, die sich in aller Welt großer Beliebtheit erfreuen und deren Literatur ganze Bibliotheken füllen könnte, beschränken sich schriftliche Erläuterungen zu den Zigeunerkarten bisher auf eine Handvoll knappe Anweisungen im Inneren der Kartensets, einige wenige überlieferte Anleitungen oder ein paar kurz gefasste Sätze in Büchern, die sich mit der Wahrsagerei im Allgemeinen beschäftigen.

So ist es auch kaum verwunderlich, dass sich die wenigen vorhandenen schriftlichen Anleitungen kaum decken und einander in vielen Punkten sogar explizit widersprechen.

Jeder Kartenleger, der sich mit diesen Karten beschäftigen möchte, ist aus diesem Grund gezwungen, sich quasi sein eigenes System zu erarbeiten und dieses selbständig immer weiter auszuarbeiten.

Gibt er diese Technik später an seine eigenen Schüler weiter, so reiht sich eine weitere eigenständige Deutungsweise in die Kette der bereits vorhandenen unterschiedlichen Systeme mit ein.

Mir selbst erging es beim Erlernen dieser Kunst nicht anders. Durch meine Erfahrung im Umgang mit den unterschiedlichsten Kartendecks und Tableaus prägten sich mir einige Eigenschaften der jeweiligen Zigeunerkarte besser und tiefer ein, als andere.

So entdeckte ich immer wieder Verwandtschaften zwischen den Zigeuner- und den Lenormand-Wahrsagekarten.

Ich möchte Ihnen das Legen und Deuten der Zigeunerkarten daher in diesem Werk so einfach und doch ausführlich wie möglich vermitteln.

Mir persönlich liegt es besonders am Herzen, Ihnen ein Grundgerüst mit auf den Weg zu geben, das zwar bereits einen sicheren Umgang mit diesen Karten erlaubt, aber dennoch genug Raum lässt, um Ihnen zu ermöglichen, Ihre eigene Intuition mit in das Deuten hineinfließen zu lassen und die gemachten Aussagen auf Ihre ganz persönliche Art und Weise weiter zu verfeinern.

Ziel dieses Buches ist es also nicht, eine vollständige Übereinstimmung zwischen Ihren und meinen Aussagen zu erreichen.
Mir liegt vielmehr daran, Ihre Intuition, Ihr Einfühlungsvermögen und Ihre Phantasie beim Kartenlegen zu schulen.

Daher habe ich mich entschlossen, auch in diesem Band auf mein bewährtes System zurückzugreifen und Ihnen den Umgang mit den Zigeunerkarten in vier leicht verständlichen Schritten zu erläutern.

Wie bereits meine Lehrbücher zu den Madame Lenormand Wahrsagekarten oder auch meinen Band „Kipperkarten: In vier Schritten zum erfolgreichen Kartenlegen", so beginne ich auch diese Anleitung mit dem Ziehen einer so genannten Tageskarte.

Zweiter Schritt

Das Ziehen einer Tageskarte

Das Ziehen einer Tageskarte stellt bei fast allen Kartenlegesystemen einen schnellen und einfachen Einstieg in den Lernprozess dar.

Eine solche Karte wird auch von fortgeschrittenen Kartenlegern häufig gezogen, um sich zu sammeln und auf den erwachenden Tag einzustimmen.

Wir gehen hier von der mittlerweile auch durch die Kinesiologie belegten Annahme aus, dass unser Unterbewusstsein viele Antworten zu Fragen kennt, die uns selbst noch als ungelöst erscheinen, unserem Bewusstsein zuweilen noch nicht einmal als mögliche Fragen oder Problembereiche erkennbar sind.

Kenne Sie die „Türhüterlegende" aus Franz Kafkas bekanntem Roman „Die Verhaftung"?
Stellen Sie sich Ihr Unterbewusstsein einfach als einen großen Kellerraum vor, in welchem all das verstaut ist, was sich im Laufe der Jahre in Ihrem Leben so ereignet hat.

Wer einen solchen Keller nach Jahren einmal entrümpelt, wird sich wundern, was er dabei so alles zu Tage befördert.

Dinge, an deren Existenz er sich bewusst schon lange nicht mehr erinnern kann lagern dort zwischen uralten Erinnerungen, Kuriositäten und verstaubten Überresten vergangener Zeiten.

Die Türe zu diesem Raum, der Zugang zu unserem Unterbewusstsein also, muss für einen derartigen Prozess allerdings erst einmal geöffnet werden.

Die Unsicherheit, welches Chaos uns hinter dieser Türe erwarten mag, auf welche ungeliebten, absichtlich dort vergrabenen Erinnerungen wir noch stoßen mögen, hält uns jedoch ebenso oft von diesem Schritt ab, wie die Angst vor Ratten, Spinnen und Mäusen, die über die Jahrzehnte hinweg ihren Weg in die dunklen Winkel gefunden haben mögen.

Vielen Menschen überfällt daher auch beim Kartenlegen ein ähnliches Gefühl der Verunsicherung, wie beim Tischerücken oder anderen entsprechenden Séancen:
Je mehr ihnen die gezogenen Karten sagen, je „wahrer" ihnen die Aussage erscheint, desto verängstigter werden sie.

Fassen Sie sich an dieser Stelle ein Herz und haben Sie Vertrauen. Nicht in Ihre Karten – hier handelt es sich genau genommen um nichts als bedrucktes Papier- sondern in sich selbst und Ihre Kraft.

Ihre Karten stellen lediglich ein Medium dar, mit dessen Hilfe es Ihnen leichter fallen kann, zu Ihrem Unterbewusstsein und damit zu Ihrem wahren Selbst vorzudringen.
Das Kartenlegen kann daher auch als eine Form der Selbsterfahrung betrachtet werden.

Vergleichen Sie das Ziehen der Tageskarte einfach mit dem Lesen eines Kurzhoroskopes für den kommenden Tag.

Nehmen Sie Ihre Karten zur Hand, mischen Sie diese mindestens sieben Mal – die hierfür benötigte Zeit wird Ihnen helfen, zur inneren Ruhe zu kommen und sich auf die folgende Karte einzustimmen – und ziehen Sie dann rein intuitiv eine beliebige Karte aus dem Stapel.

Drehen Sie die Karte um und lassen Sie sie auf sich wirken, zunächst einmal ohne die genauere Bedeutung in Ihrem Buch nachzuschlagen.

> Wie fühlen Sie sich, nachdem Sie diese Karte gezogen haben?
> Was sagt sie Ihnen spontan?
> Fällt Ihnen eine Situation oder ein besonderer Grund ein, aus dem Sie ausgerechnet diese Karte gezogen haben könnten?

Im nächsten Schritt nehmen Sie nun das vorliegende Buch zur Hand und schlagen Sie die genauere Bedeutung der Karte im vorangegangenen Kapitel nach.

Sie werden feststellen, dass die Bedeutung der einzelnen Karten zuweilen nicht unerheblich von der Bezeichnung abweicht, die Sie unten auf der Karte aufgedruckt finden.

So kann die Karte „Haus" beispielsweise auch für einen Menschen stehen, der mit beiden Beinen fest im Leben steht, oder Ihnen ein Gefühl der Sicherheit und Geborgenheit vermitteln kann.

Lassen Sie deshalb auch die Bedeutungen im Buch noch einmal auf sich einwirken, ehe Sie sich abschließende Gedanken über diese Karte machen.

Versuchen Sie nun, einen Bezug zwischen der jeweiligen Karte und Ihrem Leben, einer bestehenden Konfliktsituation, oder dem kommenden Tag herzustellen.

Je nach gezogener Karte wird Ihnen dies manchmal auf den ersten Blick gelingen, in anderen Situationen hingegen wieder etwas schwieriger erscheinen.

Je besser Sie mit Ihren Karten umzugehen verstehen und je mehr Sie deren Bedeutung als Ganzes verstanden und verinnerlicht haben, desto leichter wird Ihnen auch das Deuten Ihrer Tageskarte fallen.

Sollte diese Karte übrigens einmal auf Teufel komm raus keinen Sinn ergeben wollen, so mischen Sie die Karten noch einmal und versuchen Sie es erneut.

Kommen wir nun zu ein paar Übungen, die Ihnen den Umgang mit der Tageskarte verdeutlichen werden!

Die Tageskarte
Beispiel 1:

Sie ziehen die Karte „*Witwe*"

Stichworte
(Was sagt diese Karte aus?)

➢ Ältere Dame
➢ alleinstehende Dame
➢ Alleinsein
➢ Einsamkeit
➢ Abgeschiedenheit
➢ ein Zeitraum ohne Partner

Gedanken, die Sie sich zu dieser Karte machen könnten:

➢ Fühle ich mich derzeit in meinem Leben allein gelassen?
➢ Fehlt mir ein Ansprechpartner?
➢ Gibt es Situationen, in denen ich mich immer wieder alleine durchbeißen muss?
➢ Bin ich von meiner Persönlichkeit her vielleicht eher ein Einzelkämpfer?

Die Tageskarte
Beispiel 2:

Sie ziehen die Karte „*Hoffnung*"

Stichworte
(Was sagt diese Karte aus?)

➢ Hoffnung
➢ Sehnsüchte
➢ Möglichkeiten
➢ Wünsche
➢ positiv eingestellte oder hoffnungsvolle Frau

Gedanken, die Sie sich zu dieser Karte machen könnten:

➢ Worauf hoffe ich derzeit am meisten?
➢ Gibt es in meinem Leben Sehnsüchte oder Wünsche, die ich geheim halte, oder mir bisweilen selbst nicht eingestehe?
➢ Welche Möglichkeiten habe ich, diese Träume zu verwirklichen?
➢ Welche Chancen sollte ich unbedingt ergreifen und nutzen?
➢ Erscheint mir eine Lage derzeit aussichtslos?
Hier gibt es noch Hoffnung auf Besserung!

Die Tageskarte
Beispiel 3:

Sie ziehen die Karte „*Tod*"

Stichworte
(Was sagt diese Karte aus?)

➢ Neubeginn
➢ etwas geht zu Ende
➢ emotionale Loslösung
➢ Man hat mit etwas abgeschlossen
➢ Verlust

Gedanken, die Sie sich zu dieser Karte machen könnten:

➢ Geht ein Abschnitt in meinem Leben gerade zu Ende?
➢ Wenn ja; worum handelt es sich?
➢ Habe ich mich gefühlsmäßig von dieser Angelegenheit gelöst, oder befinde ich mich noch in einer Art Trauerphase?
➢ Welche neuen Möglichkeiten eröffnen sich mir nun, da ich mich völlig neu orientieren kann?

Das schnelle Erkennen von Verbindungen

Das Erkennen der unterschiedlichen Bedeutungen einer Karte und das Anpassen dieser Bedeutung an die jeweilige Lebenslage haben Sie mit dem Ziehen der Tageskarte bereits erlernt.
Bitte führen Sie diese Übungen täglich fort, auch wenn Sie sich im Umgang mit Ihren Zigeunerkarten bereits sicherer fühlen.

Im Folgenden werden wir das bisher Erfahrene vertiefen, indem wir eine zweite Karte hinzuziehen und die Aussagen beider Karten miteinander kombinieren.

Um diesen Schritt zu beherrschen sollten Sie Ihre Karten jedoch bereits gut verinnerlicht haben und deuten können.
Dies ermöglicht Ihnen einen freieren, gelösten Umgang mit den Bedeutungen mehrerer Karten und lässt Ihrer Intuition und Phantasie den nötigen Raum.

Wer sich an dieser Stelle noch immer stur an einen auswendig gelernten Satz oder ein Stichwort klammern muss, wird sich schwer tun, hier frei genug zu interpretieren, um zu einer sinnvollen Aussage zu kommen.

1. Mischen Sie Ihre Karten wie gewohnt und ziehen Sie, wie schon bei den Tageskarten, eine Karte aus dem Stapel.

2. Sehen Sie sich die Karte an und lassen Sie die Aussage auf sich wirken.

3. Ziehen Sie nun eine weitere Karte und denken Sie auch über deren Aussage nach.

4. Legen Sie die beiden Karten nun am besten nebeneinander ab und versuchen Sie, die beiden Aussagen miteinander zu kombinieren.

Diese Deutung könnte nun in etwa so aussehen.

Verbindungen
Beispiel 1:

1. Karte: „Geschenk"

Stichworte:
Geschenk, Überraschung, Angebot;
Etwas, das uns ohne unser Zutun ereilt

2. Karte: „Verdruss"

Stichworte:
Streit, Ärger, unangenehme Angelegenheit, Hindernis,
Missverständnis

Nun kombinieren wir diese beiden Karten:

Geschenk   +   Verdruss:

Mögliche Deutung:

- Ohne unser Zutun werden wir mit Unannehmlichkeiten
  oder Missverständnissen zu tun bekommen.

**Verbindungen
Beispiel 2:**

1. Karte: „Brief"

Stichworte:
Schriftliche Mitteilung, schriftlicher Kontakt,
E-Mail, SMS

2. Karte: „Tod"

Stichworte:
Neubeginn, etwas geht zu Ende, man hat mit etwas
abgeschlossen

Nun kombinieren wir diese beiden Karten:
Brief　　　+　　　Tod:

Mögliche Deutungen:

- Man erhält eine Mitteilung darüber, dass etwas beendet
  wurde.
- Eine Mitteilung bringt uns dazu, einen Schlussstrich unter
  eine Angelegenheit zu ziehen.

Verbindungen
Beispiel 3:

1. Karte: „Unverhoffte
          Freude"

Stichworte:
Unerwartetes freudiges Ereignis, Lob, Anerkennung, angenehme
Überraschung, Freude, Kraft

2. Karte: „Falschheit"

Stichworte:
Falschheit, Hinterhältigkeit, jemand wird hintergangen,
Vorspielen falscher Tatsachen

Nun kombinieren wir diese beiden Karten:

Unverhoffte Freude   +   Falschheit

Mögliche Deutung:

- Freuen Sie sich nicht zu früh! Man begegnet Ihnen mit
  falscher Freundlichkeit!

Nun sind Sie an der Reihe!
Bitte interpretieren Sie die folgenden Kartenpaare!

1. Beispiel:

Sehnsucht   +   Geliebter

Mögliche Deutung:

....

....

2. Beispiel:

Krankheit   +   Hoffnung:

Mögliche Deutung:

....

....

3. Beispiel:

Dieb   +   Richter

Mögliche Deutung:

....

....

4. Beispiel:

Geliebte   +   Feind

Mögliche Deutung:

....

....

Auf dieser Seite finden Sie meine Lösungsvorschläge zu den vorangestellten Übungsaufgaben.

Bitte bedenken Sie, dass es sich bei diesen Lösungssätzen lediglich um Möglichkeiten handelt, die Ihnen eine Anregung dazu geben sollen, wie Ihre eigene Interpretation in etwa aussehen könnte.

Die von Ihnen gemachten Aussagen dürfen also ruhig ein wenig von meinen Vorschlägen abweichen.
Dies richtet sich oftmals auch nach dem persönlichen Empfinden, da Sie selbstverständlich nur das interpretieren können, was sie persönlich in den Karten erkennen können.

Lediglich die Grundaussage, der Sinn der Auslegung, sollte mit meiner Aussage übereinstimmen.
Allzu starke Abweichungen sollten also noch einmal einer genaueren Prüfung unterzogen werden.

Lösungsvorschläge:

Beispiel 1:

Sehnsucht + Geliebter:

- Man sehnt sich nach seinem Partner
- Man wünscht sich eine Partnerschaft

Beispiel 2:

Krankheit + Hoffnung:

- Eine scheinbar aussichtslose, belastende Lage weist noch Chancen auf Besserung auf.

Beispiel 3:

Dieb + Richter:

- Ein Betrug oder Diebstahl endet vor Gericht.
- Ein zunächst entstandener Schaden wird fair und gerecht geregelt werden.

Beispiel 4:

Geliebte + Feind

- Diese Frau (Hauptperson) hat Feinde.
- Jemand versucht der Fragestellerin zu schaden.

Natürlich sind Ihnen beim interpretieren hier keine Grenzen gesetzt.
Wie Ihnen bei einem Blick auf die Kartenbedeutungen sofort klar sein dürfte, steht Ihnen bei Ihren Interpretationen ein breites Spektrum an Deutungsmöglichkeiten offen.

Machen Sie sich also keine Gedanken, wenn Ihre Aussagen von meinen Lösungsmöglichkeiten abweichen.

Überprüfen Sie die Karten noch einmal und versuchen Sie dann, meine Vorschläge nachzuvollziehen.

Dies sollte Ihnen in jedem Fall gelingen, ehe Sie sich zum nächsten Schritt vorwagen.

Dritter Schritt
Erste Kartenbilder

Im nächsten Schritt lernen Sie bereits ganze Kartenbilder kennen und deuten.

Wer bereits über Erfahrung im Umgang mit Wahrsagekarten verfügt und möglicherweise auch schon nach der Legeweise der Madame Lenormand gearbeitet hat, wird sich an dieser Stelle freilich ein wenig wundern:

Die vorgestellten Kartenbilder erscheinen Ihnen wahrscheinlich ungewohnt knapp und in Ihrer Deutung recht kurz und einfach.

Dies ist jedoch eine der herausragenden Besonderheiten im Umgang mit den Zigeunerkarten:
Es werden immer nur wenige Karten miteinander verbunden und gemeinsam gedeutet, selbst wenn einmal alle 36 Karten des Decks ausgelegt werden sollten.

Das erste vorgestellte Bild stellt eine der bekanntesten und beliebtesten Auslegungen der Zigeunerkarten, ein so genanntes kleines Kreuz, dar.

Diese sehr alte Legeweise findet sich übrigens auch bei den Lenormandkarten, sowie dem Tarot oder auch der Arbeit mit den Kipperkarten wieder.

Sie ermöglicht uns, ein beliebiges Thema schnell und mit wenigen Blicken zu erfassen.

Auch die Auslegung selbst wird sich hier zunächst auf wenige Worte beschränken.

Geht man später auf einen tatsächlichen Fall ein, so wird die Deutung durch die im persönlichen Gespräch erhaltenen weiteren Informationen selbstverständlich ausführlicher und damit auch länger werden.

Bei dieser Deutungsmöglichkeit suchen wir uns vorab die Person oder das Thema aus den Karten heraus, über die oder das wir gerne mehr in Erfahrung bringen möchten.

Die diesem Thema entsprechende Karte legen wir nun offen vor uns auf den Tisch.

Danach nehmen wir die übrigen Karten auf, mischen sie wieder mindestens sieben Mal und legen sie dann in der im nachfolgenden gezeigten Art und Weise um die Themen- oder Personenkarte herum aus.

Sie brauchen übrigens nicht sofort alles stehen und liegen zu lassen und sich auf das Deuten des gesamten Kreuzes zu stürzen.

Im Gegenteil: Sehen Sie sich das ausgelegte Bild erst einmal in aller Ruhe an und lassen Sie Ihren Gedanken zu dem von Ihnen gewählten Thema freien Lauf.

Im nächsten Schritt deuten Sie jede der vier um die Personen- oder Themenkarte herum ausgelegten Karten der Reihenfolge nach zunächst einzeln und dann noch einmal in Verbindung mit dem ausgewählten Hauptthema.

Wie schon im vorherigen Kapitel werden also auch hier immer nur jeweils zwei Karten miteinander verbunden und gedeutet.

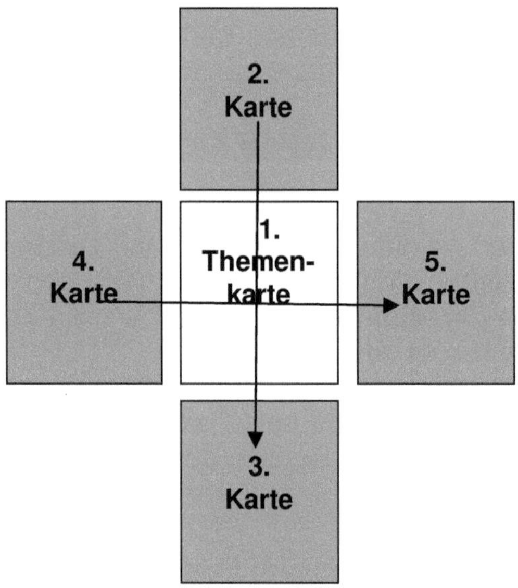

Legen Sie zur Deutung des kleinen Kreuzes

> die erste Karte oberhalb der Personen- oder
> Themenkarte ab.
> Diese Karte symbolisiert das, was unsere Gedanken
> augenblicklich beherrscht.

> die zweite Karte oberhalb der Personen- oder
> Themenkarte ab.
> Dies zeigt an, was unsere Intuition, unser
> Bauchgefühl, zu dieser Angelegenheit sagt,
> Hier können daher auch Hoffnungen, Ängste und
> Zweifel liegen.

> die dritte Karte links neben die Personen- oder
> Themenkarte.
> Dies sind Einflüsse, die aus der Vergangenheit
> kommen.

> die vierte Karte recht neben die Personen- oder Themenkarte.
Dies weist die Richtung, den Verlauf, den die Angelegenheit nehmen wird oder nehmen könnte.

Die gelegten Karten interpretieren Sie nun in der folgenden Art und Weise:

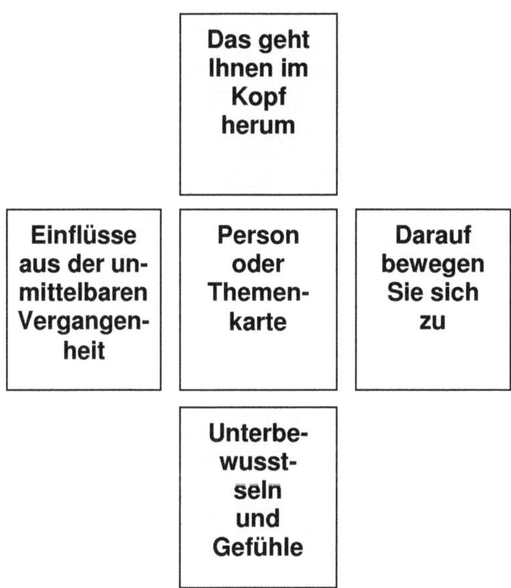

Mit dieser Methode können Sie besonders gut den momentanen Zustand einer Person oder einer Situation erkennen.

Beispiel 1

Bitte nehmen Sie für das folgende Übungsbeispiel Ihr Kartenset zur Hand und legen Sie die Karten wie in der Vorlage gezeigt aus:

Legen Sie

1. Die Personenkarte *Geliebter* **in die Mitte**

2. über die **Personenkarte** die Karte *Liebe*

3. unterhalb die Personenkarte die *Reise*

4. links von der Personenkarte die *Glückskarte*

5. rechts der Personenkarte die *Sehnsucht*

Lassen Sie uns dieses Kartenbild nun gemeinsam Schritt für
Schritt interpretieren:

1. Hier möchten wir also etwas über unseren Partner
    erfahren.
    Er stellt daher das zentrale Thema unserer Deutung dar
    und wurde aus diesem Grund vor dem Mischen der
    Karten herausgesucht und mit der Bildseite nach oben
    auf dem Tisch abgelegt.

2. Denken wir an den geliebten Menschen, so werden
    unsere Gedanken vom Thema Liebe beherrscht.
    Er liegt uns also sehr stark am Herzen.

3. Auch unsere Gefühle werden derzeit stark aufgewühlt.
    Hier kommt etwas ins Rollen.
    Wir sind gerade dabei, aus der noch rein oberflächlichen
    Verliebtheit heraus eine tiefer gehende Beziehung
    zueinander zu entwickeln.

4. Diese Liebe ist noch recht jung, und basiert momentan
    auf einer kurzen und glücklichen Verliebtheitsphase. Im
    Überschwang der Gefühle können wir uns noch nicht
    vorstellen, dass dieses Glück jemals getrübt werden
    könnte.

5. So legen wir all unsere Hoffnungen und Wünsche auf die
    lange anhaltende und stabile Beziehung, nach der wir uns
    so sehr gesehnt haben.

Nun sind wieder Sie an der Reihe.

Legen Sie das folgende Kartenbild der Vorlage entsprechend aus und interpretieren Sie, was Sie selbst aus diesem Kartenbild herauslesen können!

Beispiel 2

Bitte nehmen Sie für das folgende Übungsbeispiel Ihr Kartenset zur Hand und legen Sie die Karten wie in der Vorlage gezeigt aus:

Legen Sie

1. Die Themenkarte *Kind* **in die Mitte**

2. über die **Personenkarte** die *Fröhlichkeit*

3. unterhalb die Personenkarte die *Krankheit*

4. links von der Personenkarte *etwas Geld*

5. rechts der Personenkarte den *Verdruss*

Zusatzinformation:

Zur Erleichterung möchte ich Ihnen noch mitteilen, dass die Fragestellerin, auf welche sich dieses Kartenbild bezieht, tatsächlich seit Kurzem Mutter eines Kindes ist.
Die in der Mitte des Kreuzes liegende Themenkarte bezieht sich also tatsächlich auf ein Baby, und nicht etwa – was ja theoretisch ebenfalls möglich wäre – auf eine unreife Persönlichkeitsstruktur oder einen Neubeginn anderer Art.

Nun interpretieren Sie:

Mögliche Deutung:

....

....

....

....

Meine Interpretation:

Die junge Frau, für die diese Karten gelegt wurden, hat vor nicht allzu langer Zeit ein Kind zur Welt gebracht.

Ihre Gedanken drehen sich derzeit vornehmlich um ihren Nachwuchs, der sie mit großer Freude und Glücksgefühlen erfüllt (Siehe Karte *Fröhlichkeit*).

Obwohl sie Ihr Baby über alles liebt und um nichts in der Welt wieder hergeben möchte, fühlt sie sich doch zuweilen der Belastung und neuen Verantwortung kaum gewachsen (*Krankheitskarte*).

Sie fürchtet, sich mit dem Kind übernommen zu haben und ihm und ihrem restlichen Leben nicht mehr gerecht werden zu können.

Wer bereits einmal eines dieser kleinen Wesen versorgt hat, kann sicherlich nachvollziehen, wovon ich hier spreche.

Man möchte alles richtig machen und fürchtet, dem Kind unbeabsichtigt Schaden zufügen zu können.

Zur gleichen Zeit hat man zumeist einen Haushalt zu versorgen, sich um den Partner zu kümmern und womöglich noch einen Beruf, den man nicht vernachlässigen darf.

In der Vergangenheit war ihr diese Problematik noch nicht derart gravierend erschienen, es gab immer wieder kleinere Erfolge zu verbuchen und die Unterstützung, welche ihr von Freunden und Verwandten zuteil wurde, hatte sie immer wieder aufgemuntert (*etwas Geld*).

Nun allerdings wäre es an der Zeit, dringend etwas zu unternehmen und sich an die entsprechenden Stellen zu wenden.

Tut sie dies nicht, so könnten ihr die Probleme über den Kopf wachsen und ernsthafte Schwierigkeiten nach sich ziehen (*Verdruss*).

In unserer Position als Kartenleger könnten und sollten wir diese Dame daher darauf aufmerksam machen, ihre Familie und ihren Partner stärker mit einzuspannen und ihn zu bitten ihr doch einen Teil der Last von ihren Schultern zu nehmen.

Bemerkung:

Wie Sie anhand dieser Beispieldeutung erkennen können, ist es bei der Deutung eines jeden Kartenbildes von großer Wichtigkeit, mit viel Einfühlungsvermögen und Fingerspitzengefühl an die Interpretation heranzugehen.

Nur wer Verständnis für seine Klienten aufbringt und versucht, sich in ihre Lage hinein zu versetzen, kann auch ein umfassendes und sinnvolles Gesamtbild der Lage erhalten.

Scheuen Sie sich daher nicht, Rückfragen zu stellen und, wo immer nötig, Ihre Phantasie einzusetzen, um den roten Faden zu entdecken, der die einzelnen Aussagen der Karten miteinander verbindet und zu einem harmonischen und in sich geschlossenen Ganzen zusammenfügt.

Beispiel 3

Zu Ihrer Interpretation!

Legen Sie das folgende Kartenbild der Vorlage entsprechend aus und interpretieren Sie auch hier wieder, was Sie selbst aus diesem Kartenbild herauslesen können!

Bitte nehmen Sie für das folgende Übungsbeispiel Ihr Kartenset zur Hand und legen Sie die Karten wie in der Vorlage gezeigt aus:

Legen Sie

1. Die Personenkarte *Witwer* **in die Mitte**

2. über die **Personenkarte** die *Unverhoffte Freude*

3. unterhalb die Personenkarte die *Hoffnung*

4. links von der Personenkarte die Karte *Besuch*

5. rechts der Personenkarte die *Reise*

Zusatzinformation:

Bei der fragenden Person handelt es sich in diesem Fall um einen älteren alleinstehenden Herrn.

Vor wenigen Jahren hat dieser Mann seine Frau verloren und lebt seither allein in der Wohnung, die er zuvor mit seiner Lebenspartnerin geteilt hatte.

Informationen dieser Art haben Sie selbstverständlich vor Beginn jeder Auslegung zur Verfügung. Dafür sorgt schon das persönliche Gespräch, das Sie mit Ihren jeweiligen Konsultanten führen.

Erst aufgrund dieser Angaben sind Sie in der Lage, die entsprechende Themen- oder Personenkarte aus dem Kartenset herauszusuchen und als Grundlage für Ihr Kartenkreuz vor sich auszulegen.

Nun interpretieren Sie:

Mögliche Deutung:

....

....

....

....

....

Meine Interpretation:

Der ältere Herr, für den dieses Kreuz gelegt wurde, hat vor kurzem - und für ihn völlig unerwartet - nach langer Zeit wieder einmal etwas von einer oder einem Bekannten aus früheren Tagen gehört (*Besuch* und *unverhoffte Freude*).

Über diesen überraschenden Kontakt hat er sich sehr gefreut und auch die erneute Zusammenkunft mit diesem Mitglied seines alten Freundeskreises hat ihn mit Freude und Fröhlichkeit erfüllt (*unverhoffte Freude*).

Nun hofft er, den Kontakt nicht wieder einschlafen zu lassen, sondern gemeinsam mit seiner alten Clique wieder hinaus ins Leben zu gehen und gemeinsame Unternehmungen zu starten (*Hoffung*).

Ob ihm dies nun gelingt oder nicht; In jedem Fall wird sich dieses Erlebnis äußerst positiv auf sein weiteres Leben auswirken.

Möglicherweise wird er tatsächlich wieder mit seinen Freunden um die Häuser ziehen und auf seine alten Tage noch einmal die Stadt unsicher machen.

Sollte sich der Kontakt wieder zerschlagen, so würde auch dies nichts an einer großartigen Tatsache ändern: Im Leben dieses Mannes ist wieder etwas in Bewegung gekommen (*Reise*).

Das Wiedersehen und die Gespräche mit seinen Freunden haben ihm gezeigt, dass sein Leben noch lange nicht beendet ist.

Im Gegenteil: Alles, was er hierzu tun müsste, wäre die Energie, die noch immer in ihm steckt, wieder zu aktivieren und sich in ein neues, aufregenderes und geselligeres Leben zu stürzen.

Diese durch den unerwarteten Kontakt zustande gekommene Entwicklung kann diesem Herrn nun niemand mehr nehmen.

Die Erweiterung des kleinen Kreuzes

Das zuvor ausgelegte und bereits gedeutete Kartenbild des kleinen Kreuzes lässt sich selbstverständlich weiter verfeinern und erweitern.

Durch zusätzlich ausgelegte Karten gelingt es uns, unsere Ausführungen auszuweiten und zu vervollkommnen.

Auch bei den erweiterten Legesystemen brauchen Sie sich keine Gedanken über eventuell komplizierte lange Interpretationsreihen zu machen.

Wir bleiben auch hier bei unserem einfachen und bewährten System.

Die auf der nachfolgenden Seite gezeigte erste Erweiterung unseres Kreuzbildes bringt uns eine abschließende Aussage zu dem zuvor ausgelegten und gedeuteten Kartenbild.

Eine einzelne zusätzliche Karte wird intuitiv aus dem Stapel ausgewählt und, wie in der Abbildung gezeigt, schräg rechts neben das kleine Kreuz gelegt.

Während des Ziehens dieser Karte sollten Sie Ihre Gedanken noch einmal sammeln und sich ganz auf die bisherigen Angaben konzentrieren.

Lassen Sie auch diese Karte in all ihren Bedeutungen noch einmal auf sich wirken und versuchen Sie, ein Bindeglied zwischen der abschließenden Ausführung und der bisherigen Deutung zu erkennen.

Fassen Sie dieses dann gedanklich für sich zusammen und formulieren Sie diese Gedanken in einem abschließenden Kommentar.

Die Erweiterung des kleinen Kreuzes

Beispiel

abschließende Aussage

Nehmen Sie zum besseren Verständnis am besten noch einmal das zuvor gedeutete Kartenbild des älteren Herrn zur Hand.
So können Sie die abschließende Aussage leichter nachvollziehen.

Wir erinnern uns:

Der ältere Herr in diesem Kartenbild erhoffte sich von einer unverhofften Zusammenkunft mit einem Mitglied seines Freundeskreises aus alten Tagen eine Besserung seiner augenblicklich von Einsamkeit geprägten Lebenslage.
Er setzte große Erwartungen in das Wiederaufleben der alten Bekanntschaften.

Das kleine Kreuz ermöglichte es uns in seiner ursprünglichen Form noch nicht, zu erkennen, ob sich die genannten Hoffnungen in dieser Form auch erfüllen würden.
Wir konnten lediglich eine Aussage darüber treffen, dass in seinem Leben noch einmal ein Prozess ins Rollen kommt, der ihn aus seiner Einsamkeit heraus zurück ins Leben führen könnte.

Erst die zusätzlich gelegte Karte „Beständigkeit" erlaubt es uns nun, uns direkter zu diesem Thema zu äußern.

Die neu erwachte Bekanntschaft wird sich, ganz wie ursprünglich erhofft, keinesfalls als Eintagsfliege entpuppen.
Wir können hier sogar soweit gehen, zu erklären, die Freundschaft und die gemeinsamen Unternehmungen seien von Bestand.
Was hier beginnt, wird von langer Dauer sein und einen Weg in eine bessere Zukunft cbncn.

Die abschließend gelegte Karte gibt uns also ein klares „ja!" auf die Frage, ob die Freundschaft dieses Mal dauerhaft erhalten bliebe.

Sobald Sie sich bei der Anwendung der ersten Erweiterung sicher fühlen und für eine ausführlichere Deutung gerne noch mehr Karten zur Verfügung hätten, können wir zusätzlich auch eine zweite Erweiterung des kleinen Kreuzes hinzuziehen.

Diese zweite Erweiterung bringt nun ihrerseits neun Karten ins Spiel und ist somit bereits relativ ausführlich in ihrer Deutung.

Wie schon in den vorherigen Auslegungen, so beginnen wir auch bei dieser Erweiterung mit dem ursprünglichen kleinen Kreuz.

Sobald wir dessen Interpretation vollzogen haben, und mehr zum Thema in Erfahrung bringen möchten, konzentrieren wir uns wieder ganz auf die zu erörternden Fragen und ziehen auch diesmal wieder rein intuitiv vier zusätzliche Karten aus dem Stapel.

Die vier Zusatzkarten werden nun, wie in der unten stehenden Vorlage gezeigt, um die bereits gedeuteten Karten herum ausgelegt:

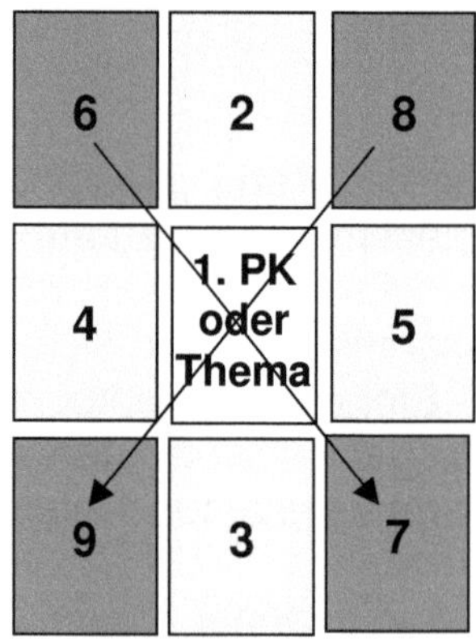

Bitte beachten Sie, dass auch diese Karten _nicht_ im Uhrzeigersinn gelegt werden!
Die Legung erfolgt hier diagonal und überkreuzt sich quasi in der Mitte.

Diesmal möchte ich Ihnen die Erweiterung anhand eines anderen Kartenbildes verdeutlichen.

Daher habe ich in der unten gezeigten Erweiterung das im vorigen Kapitel angeführte **Beispiel 2** ausgewählt.

Bitte legen Sie das folgende Kartenbild der Vorlage entsprechend aus!

Beispiel

Bitte nehmen Sie für das gezeigte Übungsbeispiel Ihr Kartenset zur Hand und legen Sie die Karten wie in der Vorlage gezeigt aus:

Legen Sie

1. Die Themenkarte *Kind* **in die Mitte**

2. **über** die Themenkarte die *Fröhlichkeit*

3. **unterhalb** die Themenkarte die *Krankheit*

4. **links** von die Themenkarte *etwas Geld*

5. **rechts** die Themenkarte den *Verdruss*

6. **Links über** die Themenkarte das *Unglück*

7. **rechts unter** die Themenkarte das *Haus*

8. **rechts über** die Themenkarte die *Treue*

9. **links unter** die Themenkarte das *Geschenk*

Die Deutung erfolgt nun in der Ihnen bereits bekannten Art und Weise.

Zunächst fassen wir die Aussagen des kleinen Kreuzes noch einmal knapp zusammen, um uns das Thema ein weiteres Mal zu verdeutlichen.

Danach beginnen wir über die zusätzlich ausgelegten Karten weitere Faktoren in die Deutung mit ein zu beziehen.

Hierzu verbinden wir zunächst

> die 6. mit der 7. Karte und
> die 8. mit der 9. Karte.

Diese Verbindungen zeigen uns mögliche Entwicklungen oder Lösungsvorschläge auf.

Abschließend bringen wir diese Aussagen wieder in den Gesamtzusammenhang mit ein.

Lösungsvorschlag:

Zusammenfassung der ersten Aussage:

Die Fragerin hat vor kurzem ein Kind bekommen, das sie sehr liebt und mit dem sie bisher auch gut zurechtgekommen ist.
In letzter Zeit fühlt sie sich jedoch zunehmend überfordert und mit der ungewohnten Verantwortung allein gelassen.
Diese Lage sollte sie schnellstmöglich in den Griff bekommen, um weiteren Kummer zu verhindern.

Deutung der weiteren Karten:

Karten 6 und 7:

Der häusliche Friede, wie auch die innere Sicherheit dieser Frau sind stark gefährdet.
Die Situation droht, zu eskalieren und sie vollkommen aus der Bahn zu werfen (Unglück + Haus).

Karten 8 und 9:

Was der jungen Mutter fehlt ist ein Partner, Freund oder weiteres Familienmitglied, das treu zu ihr steht und sie in dieser für sie so schwierigen Lage nicht alleine lässt (Treue).
Diese Hilfe wird sie dann auch ohne weiteres Zutun ihrerseits erhalten (Geschenk).

Insgesamt können wir bei diesem Beispiel also zuversichtlich sein und der Konsultantin guten Gewissens Mut und Trost zusprechen. Es kann und wir sich alles wieder zum Guten wenden.

Ein Beispiel für Sie:

Nun sind wieder Sie an der Reihe.
Legen Sie das folgende Beispiel bitte anhand der Vorlage aus
und versuchen Sie, sinnvolle Zusammenhänge innerhalb der
Interpretationsreihen zu erkennen.

Das kleine Kreuz, das diesem Kartenbild zu Grunde liegt, ist
auch hier wieder dasselbe wie im vorherigen Beispiel, so dass
sie ihre Ausführungen auch in diesem Fall auf die vier zusätzlich
ausgelegten Erweiterungskarten beschränken können.

Ihre Interpretation:

Grundproblematik:

....

....

Die Karten 6 und 7:

....

....

Die Karten 8 und 9:

....

....

Nun setzten Sie die neu gewonnenen Aussagen in einem
sinnvollen Kontext zur Grundaussage des Kreuzes:

....

....

Meine Interpretation:

Grundproblematik:

Die Fragerin hat vor kurzem ein Kind bekommen, das sie sehr liebt und mit dem sie bisher auch gut zurechtgekommen ist.

In letzter Zeit fühlt sie sich jedoch zunehmend überfordert und mit der ungewohnten Verantwortung allein gelassen.

Diese Lage sollte sie schnellstmöglich in den Griff bekommen, um weiteren Kummer zu verhindern.

Die Karten 6 und 7:

Die Fragerin fühlt sich von ihrem Partner allein gelassen. Sie sehnt sich nach ihm und wünscht sich mehr Hilfe und Unterstützung von seiner Seite. Derzeit scheint sich dieser Wunsch aber nicht erfüllen zu wollen.

Die Karten 8 und 9:

Neidisch betrachtet die junge Frau das Leben ihres Partners. Sie ist eifersüchtig auf ihn und seine Situation und missgönnt ihm seine angebliche Freiheit.

Viel lieber würde sie selbst ab und zu einmal alles stehen und liegen lassen und sich wieder einmal frei und ungebunden ins Leben stürzen.

Die Karte Richter zeigt uns jedoch, dass sie die Lage ein wenig zu einseitig sieht. Sie sollte ihrem Mann gegenüber ein wenig gerechter denken und seine Mithilfe und Unterstützung erkennen und schätzen lernen.

Zusammenfassung:

Während sich die junge Mutter vornehmlich um den Nachwuchs kümmert, arbeitet ihr Partner weiterhin in seinem alten Beruf und verbringt dadurch auf den ersten Blick weniger Zeit mit Haushalt und Kind und mehr Zeit mit seinen Freunden und Kollegen.

Sein Leben scheint durch die Geburt des Babys zunächst also weniger stark eingeschränkt zu sein als ihres.

Diese arg oberflächliche Sichtweise ist jedoch nicht ganz fair.

Schließlich bringt der junge Vater durch seine Arbeit ja auch das Geld für den Unterhalt des Kindes mit auf.
Zudem kümmert auch er sich in der Zeit, die er zuhause bei seiner Familie verbringt, gemeinsam mit seiner Partnerin um Haushalt und Nachwuchs.

Wir können die Frustration der Konsultantin auf den ersten Blick zwar durchaus nachvollziehen und verstehen, doch sollte man ihr raten, die Dinge weniger stark zu polarisieren und ihrem Herzensmann gegenüber gerechter zu urteilen.

Dies ändert allerdings nichts an der Tatsache, dass sie sich dringend mit ihm zusammensetzen und ihre augenblickliche Gefühlslage besprechen muss.

Nur so können die beiden gemeinsam zu einer Lösung kommen.

Das Abdecken
ausgewählter Karten

Die zuvor ausgelegten Erweiterungen geben uns bereits die Möglichkeit, mögliche Themen relativ umfassend zu beleuchten.

Selbstverständlich können Sie auch beide Erweiterungstechniken miteinender kombinieren, indem Sie nach der Auslegung der vier zusätzlichen Karten eine abschließende Erweiterungskarte ziehen und diese als möglichen Ausgang der Situation deuten.

Bleiben nach der Anwendung dieser Methoden noch immer Fragen offen, so haben wir noch eine weitere Möglichkeit vorzuweisen:

Das Abdecken ausgewählter Karten.

Diese Technik empfiehlt sich vor allem dann, wenn Sie gerne weitere Einzelheiten oder Erläuterungen zu einer bestimmten im Kartenbild erscheinenden Zigeunerkarte zur Verfügung hätten.

So einfach das Abdecken einer Karte ist, so effektiv ist diese Arbeitsweise auch.
In einem einzigen weiteren Schritt gelangen Sie zu neuen Erkenntnissen und können die Bedeutung von Karten klären, die Ihnen auf den ersten Blick vielleicht ohne Sinn oder Zusammenhang erschienen sind.

Zur Anwendung dieser Technik mischen Sie die übrigen Karten Ihres Decks wieder intensiv und konzentrieren sich auf die Karte, über die Sie gerne mehr in Erfahrung bringen möchten.

Nun ziehen Sie auch hier wieder eine Karte und legen diese schräg auf der zuvor noch unklaren Karte ab.
Schräg deshalb, weil sie auf diese Weise sowohl die untere also auch die oben liegende Karte gut im Blick behalten.

**Das Abdecken ausgewählter Karten
Beispielkartenbild:**

Nehmen wir an, Sie möchten Näheres über die Karte *Verdruss* erfahren.
Sie Mischen also Ihr Talon und ziehen nach Gefühl eine Karte.

Hierbei handelt es sich um die Karte *Witwe*.

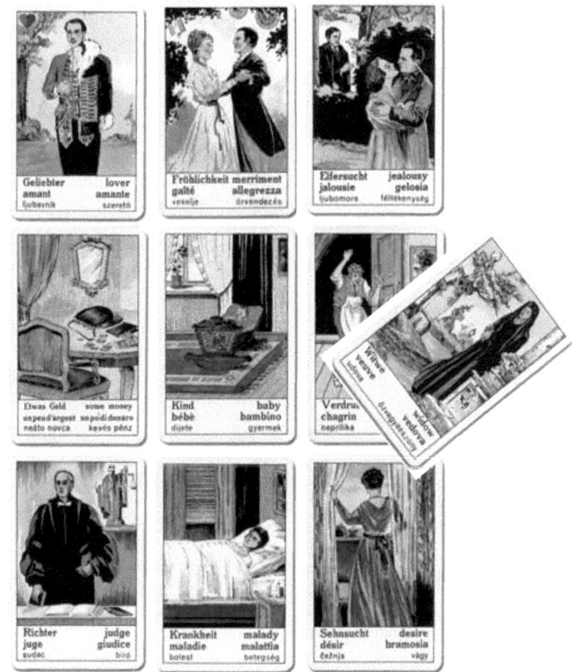

Nachdem wir bereits so viele Karten interpretiert und miteinander verbunden haben, dürfte es Ihnen nicht schwer fallen, das auf der vorigen Seite abgebildete erweiterte Kartenbild zu deuten!

Wie immer fassen Sie die Aussagen der beiden Karten (*Verdruss* und *Witwe*) zusammen und bringen diese dann in einen sinnvollen Kontext zueinander.

Eine mögliche Interpretation folgt im Anschluss an diese Übung.

Ihre Interpretation:

Verdruss:

....

Witwe:

....

Die Karten Verdruss und Witwe im Zusammenhang:

....

....

....

Mögliche Interpretation:

Die Karte Verdruss sagt uns, dass hier etwas ganz und gar nicht richtig läuft.
Etwas liegt im Argen, führt zu Stress, Ärger und Belastungen.

Die Witwenkarte steht ihrerseits für die Einsamkeit und das Gefühl, von Gott und der Welt verlassen zu sein.

Passt diese Frau nun nicht auf und unternimmt etwas gegen ihre belastende Situation, so könnte sie letzten Endes dazu tendieren, über ihren Kummer zu verbittern und sich regelrecht von der Außenwelt abzuschotten.

So liefe sie dann Gefahr, Ihre Freunde und Bekannten zu verlieren und dadurch noch tiefer zu vereinsamen.

Eine schwerwiegende Depression wäre dann eine mögliche Folge.

Um diesem Teufelskreis zu entrinnen bleibt auch hier wieder nur das Gespräch mit dem Partner und der Familie.

Das große Kartenbild

Das bisher gezeigte Verfahren zur näheren Erörterung
bestimmter Themen oder Problembereiche wird heutzutage von
den meisten Kartenlegern im Zusammenhang mit den
Zigeunerkarten angewandt.

Bereits eingangs hatte ich Ihnen erklärt, dass eine
herausragende Besonderheit des Kartenlegens nach
Zigeunerart darin besteht, in jedem Fall zunächst die derzeit
wichtigste Themen- oder Personenkarte aus dem Stapel
herauszusuchen und erst danach die übrigen Karten zu
mischen und auszulegen.

Diese Methode erleichtert das Interpretieren der Zigeunerkarten
insofern, als wir uns nicht einem Berg unterschiedlicher Karten
gegenüber sehen, und unter Umständen nicht wissen, womit
wir unsere Deutung eigentlich beginnen sollen.

Wer sich von einem komplett ausgelegten Kartenbild jedoch
nicht schrecken lässt, und Lust bekommen hat, sich tatsächlich
einmal an einem großen Tableau zu versuchen, kann sich das
auf der Folgeseite abgebildete Kartenbild zum Vorbild nehmen
und alle Karten seines Decks entsprechend dieser Vorlage zu
einem großen Kartendeck auslegen.

Für ein großes Kartenbild (Grand Tableau) benötigen wir alle 36
Karten unseres Sets.
Diesmal wird die Themenkarte nicht bereits vor Beginn der
Auslegung herausgenommen, sondern gemeinsam mit allen
anderen Karten gemischt und gelegt.

Wir nehmen also unser komplettes Set zur Hand und mischen
die Karten so lange, bis wir uns bereit fühlen, diese nun
auszulegen.
Nachfolgend legen wir die Karten in vier Kartenreihen zu je acht
Karten ab.

Beispieltableau

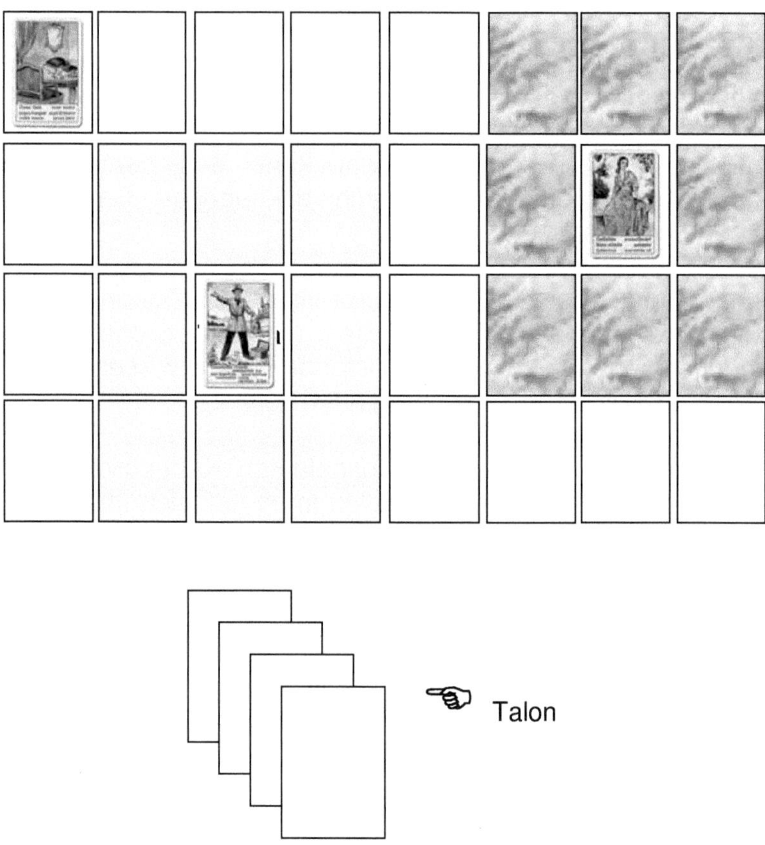

Bei dieser Legeweise behalten Sie am Ende vier Karten übrig,
auf die wir später noch einmal genauer zurückkommen werden.

Haben Sie Ihr Tableau erst einmal ausgelegt, so können Sie nun damit beginnen, die Themen- oder Personenkarten herauszusuchen, über welche Sie nähere Einzelheiten in Erfahrung bringen möchten.

Diese Themenbereiche können sich nun an allen möglichen Stellen innerhalb des Kartenbildes befinden.

Zum Beispiel

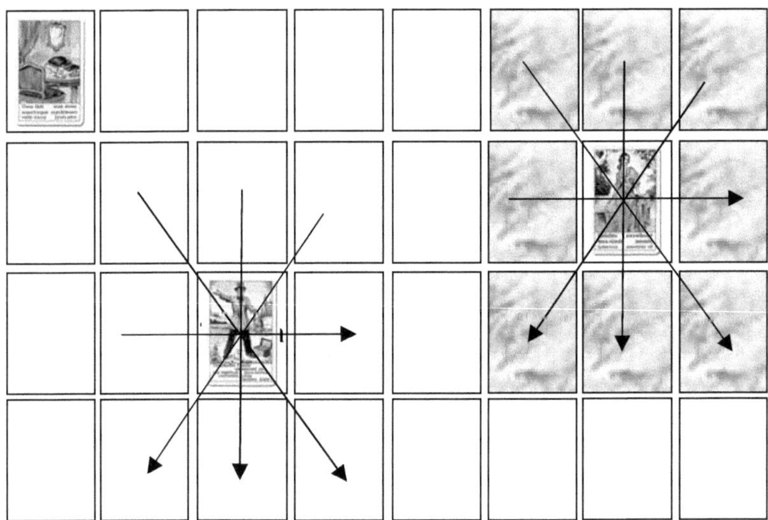

oder:

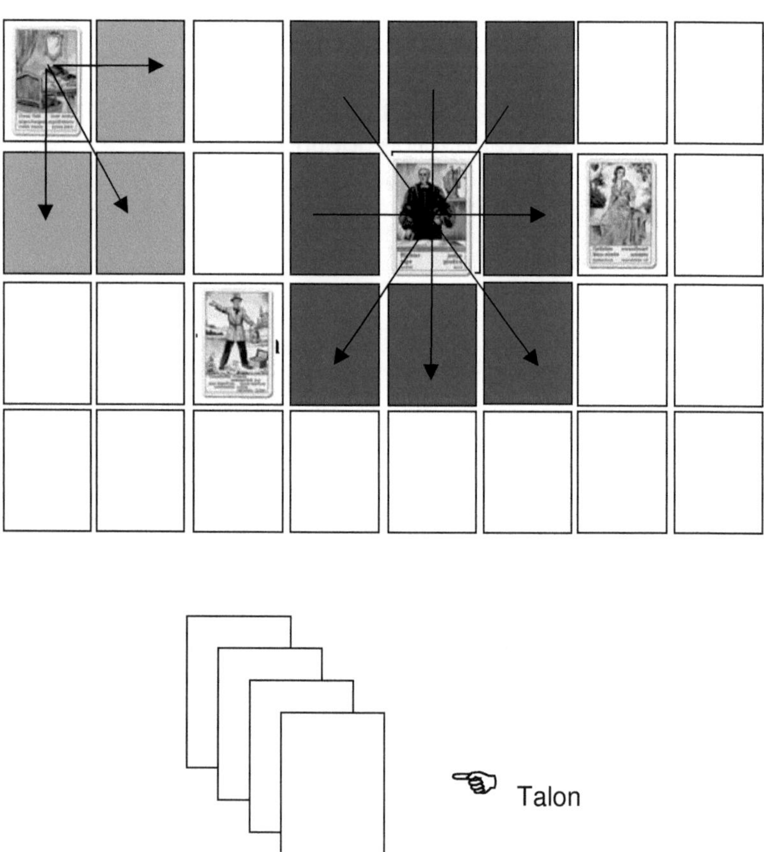

Sodann nehmen Sie wieder die umliegenden Karten in Augen-
schein.

Deuten Sie wie zuvor zunächst die vier umliegenden Karten nach
dem bereits bekannten System des kleinen Kreuzes und

erweitern Sie Ihre Aussagen danach unter Einbeziehen der 6. bis 9. Karte.

Wünschen Sie zusätzliche Informationen zu einer bestimmten Karte, so haben Sie nun die Möglichkeit eine der vier übrig gebliebenen Karten zu ziehen und diese auf die fragliche Karte zu legen.

Interpretieren Sie auch hier wieder wie zuvor erklärt und geübt.

Der entscheidende Vorteil des großen Tableaus liegt in der Tatsache, dass Sie innerhalb Ihres Kartenbildes gleich mehrere Möglichkeiten haben, ganz unterschiedliche Themen oder Personen nacheinander zu interpretieren, ohne dabei jedes Mal die Karten neu auslegen zu müssen.

Suchen Sie sich nach erfolgreich abgeschlossener Deutung eines Themas einfach den nächsten interessanten Themenbereich aus dem Tableau heraus.

Überschneiden sich unterschiedliche Motive innerhalb des Kartenbildes, so können Sie davon ausgehen, dass diese Bereiche auch im wahren Leben eng miteinander verbunden sind.

Liegt eine Themen- oder Personenkarte hingegen in einer der äußeren Kartenreihen, so scheinen Ihnen hier auf den ersten Blick wichtige Karten für Ihre Deutung zu fehlen.

Liegt das Thema beispielsweise ganz oben rechts in der Ecke des Tableaus, können Sie weder die darüber liegende, noch die rechts davon abgelegte Karte deuten.

In diesem Fall können wir davon ausgehen, dass sich der Fragesteller oder die Fragestellerin der eigentlichen Problematik noch gar nicht wirklich bewusst ist. (Die Kopf- oder Gedanken-Karte fehlt!).

Auch über einen möglichen Ausgang können wir an dieser Stelle noch keine Aussage machen (fehlende Karte), da sich die entsprechende Person mit diesem Thema zunächst einmal näher befassen müsste.

Allein die für die Deutung zunächst ungünstige Lage der Karte im Kartenbild bringt uns hier also schon vor Beginn der eigentlichen Interpretation eine ganze Reihe wichtiger Erkenntnisse!

Tipp:

Ich selbst beziehe bei der Auslegung des großen Kartenbildes übrigens gerne noch einen interessanten Aspekt aus der Legeweise der großen Kartenlegerin Madame Marie-Anne Lenormand mit ein:

Die erste Karte des Tableaus stellt für mich stets einen besonders wichtigen weiteren Gedanken dar.

Bei dieser Karte handelt es sich meiner Erfahrung nach zumeist um eine Art Leitmotiv, das sich durch das gesamte Tableau zieht.

Man könnte es auch so formulieren: Vordergründig scheinen Fragen nach der Familie, Ärger am Arbeitsplatz oder finanziellen Nöten besonders wichtig zu sein.

All diesen Schwierigkeiten liegt jedoch oft eine ganz andere Problematik zugrunde, die jedoch von den Ereignissen des Alltags überschattet und dadurch häufig nicht mehr wahrgenommen wird.

Man könnte also sagen: Die erste Karte zeigt das eigentliche Problem an, das quasi den Auslöser für alle weiteren Schwierigkeiten darstellt.

Vierter Schritt

Kombinationen und Besonderheiten

Wenn Sie sich ausgiebig mit Ihren Zigeunerkarten beschäftigen und immer wieder fleißig mit ihnen üben, werden Sie sich gerade bei dieser Art des Kartenlegens über rasche Erfolge freuen können.

Sicherlich werden Sie auch beobachten, dass sich Ihr Gespür beim Verbinden der Karten untereinander mit jeder neuen Auslegung immer weiter verfeinert.

Lassen Sie Ihrer Phantasie beim Kombinieren der einzelnen Kartenaussagen ruhig freien Lauf und wagen Sie sich in neue Gefilde vor!

Behalten Sie dabei nur immer die eigentliche Grundaussage im Auge und achten Sie darauf, nicht allzu weit vom Thema abzuschweifen.

Die passiert gerade Anfängern auf diesem Gebiet gerne einmal, da sie sich im Übereifer zu weit von der jeweiligen Kartenaussage entfernen.

Fortgeschrittenere Kartenleger erhalten oftmals zusätzliche Informationen unter Zuhilfenahme der so genannten **Kombinationen**.

Im Gegensatz zu einfachen Verbindungen zweier Kartenaussagen handelt es sich bei diesen Kombinationen um ein klar fest gelegtes System unterschiedlicher Kartenverbindungen.

So kann sich die *Krankheitskarte* beispielsweise auf unterschiedliche Lebenslagen beziehen, unter welchen man zu leiden hat.
Auch die Karte *Unglück* ist in ihrer Grundbedeutung als Warnkarte eher allgemein gehalten. Sie mahnt uns zur Vorsicht und deutet gemeinhin daraufhin, dass etwas in unserem Leben nicht in Ordnung ist.

Treten diese beiden Karten nun allerdings hintereinander auf, so ändert sich die allgemeine Bedeutung schlagartig.
In ihrer Kombination *Krankheit + Unglück* haben diese Karten dann die gemeinsame Aussage *Unfall oder Operation.*

Wenn Sie sich viel und gerne mit Ihren Zigeunerkarten beschäftigen, werden Sie irgendwann ohnehin damit beginnen, Zusammenhänge und Verbindungen in den ausgelegten Karten zu suchen.
Dabei werden Sie dann vielleicht auch bemerken, dass bestimmte Kartenpaare immer wieder mit einander auftauchen und gemeinsam auf bestimmte Dinge hinweisen.

Diese Kombinationen brauchen Sie allerdings nicht unbedingt in Ihre Deutung mit ein zu beziehen.

Im Gegenteil: Diese sollten gerade bei den recht einfachen und allgemein gehaltenen Zigeunerkarten nur dann Verwendung finden, wenn sie sich wirklich mit den bisher getätigten Aussagen decken und sich mit keiner der anderen Äußerungen widersprechen.

Nutzen Sie die Kombinationen einfach, um zusätzliche Informationen aus Ihrem Kartendeck zu erhalten.

Wer sich bereits mit anderen Wahrsagekarten, wie beispielsweise dem Set der Madame Lenormand, beschäftigt hat, wird sich ohnehin wundern, wie klein die Auswahl an vorgegebenen Kombinationen bei den Zigeunerkarten doch ist, und wie locker diese in ihren Aussagen gehalten sind.

Machen Sie das Einbeziehen der Kombinationen daher ebenfalls von Ihrem persönlichen Bauchgefühl abhängig und erzwingen Sie keine Deutung, die sich nicht in Ihre bisherige Interpretation einfügen will.

Einige der wichtigsten Kombinationen

	Zweite Karte	Bedeutung
Botschaft	Brief	schriftliche Information, Dokument
Botschaft	Falschheit	Rufmord, Mobbing
Botschaft	Richter oder Offizier	Nachricht von Anwalt oder Behörde
Brief	Falschheit	Verleumdung
Brief	Geliebte/r	Liebesbrief
Besuch	Liebe	Eine neue Liebe
Besuch	Verdruss	Ärger schneit ins Haus
Dieb	Besuch	Einbruch
Dieb	Liebe	Verlust einer Liebe
Eifersucht	Feind	Neider
Eifersucht	Krankheit	Krankhafte Eifersucht, Verbitterung, Neid
Eifersucht	Geliebte/r	Partner macht oder ist eifersüchtig

	Zweite Karte	Bedeutung
Etwas Geld	Falschheit	trügerisches Glück, kleinerer Betrug
Etwas Geld	Glück	Kleiner Gewinn
Etwas Geld	Tod	Kleines Erbe
Feind	Falschheit	Gefahr
Feind	Geliebte/r	Nebenbuhler, Affäre, Ausnutzung in der Liebe
Feind	Heirat	Vertragsbruch
Fröhlichkeit	Eifersucht	Partner flirtet mit anderen
Geld	Heirat	lukrative Verbindung
Geld	Krankheit	Geldsorgen
Geld	Hoffnung	Geldsorgen gehen vorüber
Geld	Offizier	Finanzamt, Steuern
Geliebte/r	Heirat	Hochzeit oder Partnerschaft

Zukunfts- und Zeitkarten
Jahreszeiten und Personenkarten
auf einen Blick

Zukunfts- und Zeitkarten
auf einem Blick

Beständigkeit   *Zukunftskarte*

Glück   *sehr bald*

Krankheit   *innerhalb eines Jahres*

Offizier   *2-3 Jahre*

Jahreszeiten auf einen Blick

Besuch   *Frühjahr*

Unverhoffte Freude   *Sommer*

Traurigkeit   *Herbst*

Geistlicher   *Winter*

Personenkarten

Dieb

Negative Person
(männlich oder weiblich)

Geliebte

Weibliche Hauptperson

Geliebter

Männliche Hauptperson

Gedanken

Jüngerer Mann
(jünger als Fragesteller)
Sohn

Geistlicher

Spiritueller Mensch
eventuell Pfarrer

Hoffnung

Positive Frau

Haus

Sicherheit vermittelnde /
Halt gebende Person
Jemand, der mit beiden
Beinen fest im Leben steht

Kind

Kind
Kinder
Jugendliche Person m/w

Offizier

Amtliche Person
Heimlicher Geliebter

Richter

Richter
Gerechte Person
Anwalt

Traurigkeit

Jüngere Frau
(jünger als Fragesteller)

Witwe

*Ältere Frau
In sich gereifte Frau
Alleinstehende oder
geschiedene weibliche Person*

Witwer

*Älterer Herr
In sich gereifter Mann
Alleinstehende oder
geschiedene männliche Person*

Brittas Tipp: Weitere Legesysteme mit vielen Fallbeispielen

Dieses interessante Nachschlagewerk enthält eine Vielzahl von leicht nachvollziehbaren Legesystemen, die sich mit den verschiedensten Wahrsagekarten anwenden lassen.
Beschrieben werden Lenormand-, Kipper-, Zigeuner und Tarotkarten, doch auch Skatkarten oder das Engelstarot, sowie viele weitere Kartendecks lassen sich mit diesen Legemethoden auslegen und deuten.
Von klassisch bis neuartig, von ausführlich bis hin zu den so genannten Schnelllegesystemen lernen Sie, wie Sie Ihre Karten in jeder Lebenslage schnell und informativ einsetzen können.

Ausführlich bebilderte Vorlagen und zahlreiche Fallbeispiele erleichtern Ihnen das Nachvollziehen und begleiten Sie auf Ihrem Weg zum professionellen Kartenlegen.

Schlusswort

Bei meiner Arbeit an jedem neuen Band über das Wahrsagen mit Karten bin ich wieder aufs Neue überrascht und erstaunt, wie schnell sich doch auch das vorliegende Buch wieder seinem Ende zu neigt.

Selbst nach vielen Jahrzehnten Erfahrung in diesem Bereich kann ich noch immer kaum glauben, wie rasch und einfach sich die Grundstrukturen der jeweiligen Kartendecks doch auch diesmal wieder erklären und darstellen lassen.

Letzten Endes basiert der Erfolg eines jeden Kartenlegers auf der Kombination von stetigem Üben und dem Verfeinern der eigenen Intuition.

Aus diesem Grund bleibt mir auch an dieser Stelle nur wieder, das Szepter an Sie weiter zu reichen und Ihnen viel Glück und Erfolg bei der weiteren Arbeit mit Ihren Zigeunerkarten zu wünschen.

Machen Sie es sich zu einer täglichen Angewohnheit, Ihre Karten in den unterschiedlichsten Situationen immer wieder zur Hand zu nehmen und auf spielerische Art und Weise ein wenig mit ihnen zu üben.

Legen Sie sich die Karten in unterschiedlichen Tableaus und Kreuzformen aus und erweitern Sie Ihre Aussagen selbständig.

Variieren Sie Ihre Legeweisen ruhig immer wieder je nach dem, was Ihr Gefühl Ihnen sagt.

So können Sie beispielsweise auch versuchen, Ihr großes Kartenbild in vier Reihen zu je neun Karten auszulegen, oder selbständig weitere Abwandlungen vornehmen.

Im Laufe der Zeit entwickelt jeder Kartenleger ohnehin sein eigenes System und seine ganz eigene Art, seine Karten zu deuten!

Lassen Sie sich also nicht verunsichern, wenn Sie in anderen Lehrwerken Abweichungen von dem in diesem Band vorgestellten System entdecken sollten.

Bleiben Sie einfach bei der Legetechnik, die Ihnen persönlich am meisten zusagt und bei der Sie sich selbst am besten aufgehoben fühlen.

Wenn Sie bereits über Erfahrung mit anderen Kartendecks, wie etwa dem der Madame Lenormand oder auch den Tarot- oder Kipperkarten verfügen, so werden Sie vielleicht auch den Wunsch verspüren, diese Karten und ihre jeweiligen Legesysteme gemeinsam anzuwenden, oder diese sogar untereinander auszutauschen.

Hierzu möchte ich Sie dann auch ausdrücklich ermutigen.

Nach welchen Regelwerken auch immer Sie den Umgang mit Ihren Karten einst erlernt haben, letzten Endes bleibt doch immer Ihr persönliches Gespür die letzte Instanz, nach der Sie sich richten sollten.

Somit bleibt mir auch hier nur wieder, Ihnen beim Umgang mit Ihren Karten alles Gute und viel Spaß zu wünschen.

Ihre Britta

Unser großes Lehrprogramm im Brika-Verlag

Der große Selbstlernkurs
nach Art der Madame Lenormand

Die vorliegende Neuausgabe in einem Band enthält Übungen und Illustrationen der Lehrbücher I-IV, ist jedoch aktualisiert und um ein Vielfaches erweitert worden.
Auf diese Weise erarbeiten wir uns gemeinsam Schritt für Schritt eine solide Basis, die Ihnen auf Ihrem Weg zum professionellen Kartenlegen eine große Hilfe sein wird.
Auf jede Übung folgt meine eigene Interpretation. Beispiele geben Ihnen nun die Chance, Ihr Können innerhalb eines größeren Sachzusammenhanges anzuwenden und Ihr neu erworbenen Fähigkeiten zu vertiefen
Abbildungen: **Brittas Wahrsagekarten** nach Art der Madame Lenormand und die Karten der **Blauen Eule**

Das große Übungsbuch
nach Art der Madame Lenormand

Die Übungen im vorliegenden Band eignen sich sowohl für die Arbeit mit dem großen Selbstlernkurs, dem Kompaktkurs, als auch mit den Lehrbüchern 1-7. Zum Fernkurs oder zu meinen Seminaren können sie ebenfalls begleitend eingesetzt werden.
Wer sich intensiv mit dem Kartenlegen befasst, möchte irgendwann auch einen Punkt erreichen, an dem es ihm möglich ist, selbständig und ohne größere Schwierigkeiten eine sinnvolle Aussage über eine Situation und deren mögliche Ausgänge machen zu können.
Wie in den meisten Fällen kann auch beim Kartenlegen nicht genug darauf hingewiesen werden, wie wichtig stetes Üben für das Erreichen dieser Sicherheit ist.
Zahlreiche Übungen werden Ihnen helfen, ein besseres Gespür für Ihre Karten zu bekommen und nach und nach ein Gefühl für die richtige, nämlich die der jeweiligen Situation angepasste, Bedeutung einer Karte, einer Kartenreihe, oder letzten Endes eines ganzen Tableaus zu bekommen.

Kartenlegen leicht erlernbar
nach Madame Lenormand

Der neue Kompaktkurs 2. Auflage

Die vorliegende **Neuausgabe** Auflage 2 des **Kompaktkurses** enthält alle Übungen und Illustrationen des vorangehenden Kompaktkurses, ist jedoch aktualisiert und um ein **Vielfaches** erweitert worden. (Ausschnitte aus den Lehrbüchern I - IV), Der **neue Kompaktkurs**, der Sie mit allen notwendigen Informationen und dem Basiswissen versorgt, das Sie für das Kartenlegen benötigen, jedoch vorwiegend für den „Hausgebrauch", also das schnelle Kartenlegen für sich selbst und die eigene Familie, sowie Freunde und Bekannte geeignet ist.
Abbildungen: **Brittas Wahrsagekarten** nach Art der Madame Lenormand und die Karten der **Blauen Eule.**

Kipperkarten leicht erlernbar
Kompaktkurs
in vier Schritten zum erfolgreichen Kartenlegen
als auch als Fernkurs erhältlich

Die seit Jahrhunderten beliebten Kipperkarten werden hier in einem einzigartigen, leicht nachvollziehbaren und übersichtlichen Lehrbuch schnell und verständlich erklärt!

- Kipperkarten verstehen und deuten lernen
- Alle Karten mit ihren Bedeutungen, die Kipperkarten im Tableau
- Die Beziehungen der Karten untereinander, Kombinationen
- Verschiedene Legesysteme, Schnelllegesysteme
- Die Astrologische Jahres-Kartenlegung, das Einbeziehen von Zusatzkarten, Hinweise zur Arbeit mit der Tageskarte
- Tipps für Fortgeschrittene, zahlreiche Tipps und bildliche Darstellungen, Übungen und Lösungsvorschläge

Tarot leicht erlernbar

Kompaktkurs
einfach und schnell mit den großen Arkanen

Dieses einmalige, unvergleichliche Lehrsystem bietet einen leicht nachvollziehbaren und klaren Einstieg in die Welt des Tarot.

Die Karten werden Schritt für Schritt verständlich gemacht, wobei sich diese Technik zunächst ausschließlich der großen Arkanen bedient. Selbst Partnerschaften und Beziehungen von Menschen untereinander lassen sich mit diesen Karten bereits genauer analysieren.
Zahlreiche Beispiele und Übungen mit Lösungsvorschlägen und Interpretationshilfen bringen Licht in das Dunkel, das Hobbykartenlegern den Umgang mit den Tarotkarten so lange unnötig erschwert hat. Ferner bietet Ihnen dieses Buch ein kleines Lexikon der wichtigsten Tarotbegriffe, einen Überblick über die Bedeutung der Tarotkarten als Tageskarten, sowie einen kleinen Einstieg in die Numerologie für das Tarot.
Zusätzlich: Kurzbedeutungen im Hinblick auf: Liebe, Finanzen, Beruf und allgemeine Charaktereigenschaften.

Brittas Wahrsagekarten mit Begleitbuch

Jede Karte wird ausführlich erklärt und gedeutet, anhand des exklusiv für Britta gestalteten außergewöhnlichen Kartendecks

> - Viele zusätzliche Anregungen und Denkanstöße.
> - Zuordnungen zu Sternzeichen, Edelsteinen, Farben, Chakren, Berufen und Eigenschaften

Zeitkarten sind mit einer Uhr gekennzeichnet,
Zukunftskarten mit einem Auge.

Sie möchten unseren kostenlosen Newsletter regelmäßig per E-Mail zugesandt bekommen?
Registrieren Sie sich einfach und unverbindlich unter:
www.kartenlegekurse.de